¡Como un Roble!

Luchando contra el cáncer de la mano de Dios

Jorge Castro

Estimado lector mucho agradeceré sus comentarios
correo electrónico: jorgecastroeditorial@gmail.com
info@comounroble.com.mx
Teléfono 4777132637
www.comounroble.com.mx
Librería Gante
Gante 126 zona centro C.P. 37000 zona centro
León Guanajuato Mx.

Número de Registro Provisional 3330 Tipo de obra: LITERARIA

Dedicatoria

Este libro, lo dedico a mi familia, a mis amigos y a todos los que estuvieron presentes en mi proceso de sanación: médicos, enfermeras y radiólogos. ¡Gracias a Dios soy testimonio de Sanidad Divina!

Este libro también está dedicado a usted, para que crea en el poder de Dios y la Sanidad Divina.

Prólogo

¿Por qué hacer este libro? Necesitamos que las personas conozcan más sobre el cáncer linfático y sus síntomas, que mi vivencia sirva como ejemplo para entender la Sanidad Divina, vivir el perdón y expulsar el temor. Contiene compilación de oraciones y datos informativos.

SINOPSIS

No cualquier persona que reciba un diagnóstico de cáncer linfático en etapa 4, podría enfrentar la batalla "COMO UN ROBLE", como justamente Jorge Castro lo hizo y sobre todo, tener las ganas y la fuerza para narrarnos cada uno de sus síntomas y de las etapas que a lo largo de este tiempo ha vivido...

De una manera sencilla, sincera y detallada, el autor abre su corazón para contarnos cómo descubrió el mal físico que le aquejaba, pero sobre todo para contarnos como es que tomado de la mano de Dios, al que tenía abandonado por estar inmerso en una vida de trabajo, compromisos, distracciones y simplemente olvido, ha logrado ir venciendo al más temible de los males hoy en día.

Así mismo, nos enseña paso a paso a restablecer esa relación con Dios, que muchos de nosotros seguramente también hemos dejado de lado.

Jorge Castro nos comparte sus conversaciones con Dios en forma de oraciones, versículos de la Biblia que nos explican lo que Dios está dispuesto a hacer por nosotros, siempre que le hablemos de nuestras necesidades. Ojalá que también para ustedes "COMO UN ROBLE" sea el camino hacia la sanidad divina.

LEDIA CALVO USCANGA.

Índice

¡COMO UN ROBLE!

Luchando contra el cáncer de la mano de Dios

¡Padre Celestial, gracias por todo lo que me das, porque sé que aún en la adversidad vienen cosas buenas para vivir y ser mejor!

¡Mi Señor, te lo ruego, aumenta mi fe para descubrirte en todo lo que me sucede y poderlo entender, acrecienta mi esperanza para confiar en ti en los momentos difíciles y aumenta mi amor para ser tu servidor y testigo fiel ante los demás!

Quiero aprender a descubrirte siempre dentro de mí y en los demás.

Quiero amarte siempre, consciente de que estás en mi interior, permíteme buscarte siempre en mi corazón, en el silencio de un corazón dispuesto a dejarse transformar por ti.

Que mi corazón no se canse nunca de amarte, de buscarte y nunca desista de encontrarte.

Te alabo porque siempre sales a mi encuentro, permíteme seguir tus pasos y no desviarme del camino que me lleve siempre a Ti.

Quiero soñar y luego verlo realizado. Dios nos da sueños para que podamos ver como éstos se vuelven realidad.

Ore para que los ojos de usted, así como los oídos de su entendimiento sean abiertos a la Palabra de Dios y toque corazones para ser mejores personas.

Así sea.

Capítulo I

TEMOR, ANGUSTIA Y LLANTO

Despierto una mañana fresca de marzo, pero no es como el resto de los días, respiro y siento una molestia en el abdomen, es una molestia, no es como si hubieras comido algo que te cayó mal; eran dolores intensos y fuertes como los de una aguja de pespunte que te atraviesa una y otra vez.

Continúo con mis actividades laborales, esas cosas que hacen los adultos y que no pueden dejar para después, que son cotidianas y no desaparecen; sin embargo, la molestia sigue y al pasar de los días crece de una manera insoportable y se extiende por la espalda baja, por el hígado, la vesícula y el bazo.

La situación hace necesaria una visita al médico, quien me diagnostica colitis nerviosa. Me solicita análisis y un ultrasonido renal. Los resultados fueron favorables, sin patologías, confirmando así la colitis nerviosa.

Pero aún tomando los medicamentos, los dolores eran crecientes día a día, comenzando así un infierno, mi propio infierno.

Las noches perdieron sentido, no podía conciliar el sueño. Si estaba recostado boca arriba sentía dolor en la espalda baja.

si lo hacía boca abajo, un dolor insoportable me taladraba el abdomen, si estaba de lado, el dolor en el hígado era como un fuerte golpe a puño cerrado, del otro lado el bazo, de esos golpes que recibía cuando practicaba artes marciales: un golpe que te acalambra, pero ahora no me dejaba moverme y me dificultaba respirar.

Literalmente era mi infierno particular y es que me consumía también un calor interno insoportable que me obligaba a bañarme cada dos horas, tenía dificultad para respirar. En mi soledad, cuando todos dormían, me llenaba de angustia y lloraba, sufría por no entender lo que pasaba.

Fueron seis tortuosas semanas. Una noche, presagiando lo que está por venir, abrazo a mi esposa y le digo despacio al oído: -me estoy muriendo.

Empiezo a ver las obras de mi pasado, los errores cometidos, los tiempos perdidos. El darle importancia a lo no importante y el haber descuidado lo verdaderamente importante: Dios y mi familia.

La oposición es real en nuestras vidas y el principal enemigo es uno mismo

Después de seis semanas de dolores intensos, falta de sueño y pérdida de apetito, comienzo a ver cómo mi cuerpo y mi salud se marchitan.

Mi hija Gina, determina llevarme con un Médico Internista y Cardiólogo, para que haga un chequeo médico y los estudios necesarios, así como un electrocardiograma, yo iba molesto, pues consideraba que era innecesario, ya que en mi mente seguía pensando que era colitis nerviosa, por el estrés que estábamos viviendo, y de camino al consultorio seguía pensando que pagar por la consulta y los estudios en mi situación económica en ese momento a causa de la pandemia por COVID-19, ya que no estábamos trabajando, por lo tanto no teníamos ingresos y muchos gastos contraídos con anterioridad, como para ahora poder solventar los pagos de consulta y estudios que fueran requeridos, me estresó a un más, pues seguía con la idea que me confirmaría una colitis nerviosa.

Al llegar con el médico cardiólogo e internista, me hace varias pruebas y preguntas, y determina en su diagnóstico que lo mío no era una colitis nerviosa, ya que en la exploración física que realizó detectó ganglios inflamados en el cuello, abdomen e ingle, ante lo cual solicita inmediatamente una tomografía axial computarizada, pidiendo que tan pronto tuviera los resultados me comunicara con él.

De camino al hospital para programar el estudio no dejé de pensar en la situación, sentía ansiedad y una molestia al pensar en el gasto innecesario teniendo otras prioridades, ya que aún creía en que era un gasto innecesario.

Esperé pacientemente las horas de ayuno para la tomografía, la cual me realizaron el mismo día de la consulta médica, pero esta vez fue por la tarde. Me presenté en el hospital, me sometí a las pruebas y al finalizar, salgo del lugar y me sorprende una lluvia intensa. De camino al estacionamiento algo extraño pasó en mí, disfruté mojarme la cara, brazos y hombros, como no lo disfrutaba desde niño. Mi corazón se llenó de dicha, sin preocupaciones, como cuando era pequeño y solo disfrutaba de mojarme, sin importar que me regañaran.

Una brisa ligera, un susurro en mi oído, un abrazo amoroso que me transmitió tranquilidad. Era valorar los pequeños detalles, las cosas que solo se sienten al tener paz, fe y esperanza.

Los resultados del estudio los entregarían al día siguiente.

Resultado inesperado

El 30 de abril mi esposa fue al hospital para pedir los resultados y la interpretación de la tomografía, me entregó un sobre cerrado el cual abrí con tranquilidad, sin embargo, mi sorpresa fue angustiante.

El documento confirmaba la existencia de un linfoma, agua en el pulmón derecho, ganglios inflamados en el cuello y la ingle derecha que presionan una arteria.

Sentí como si un balde de agua helada recorriera mi cuerpo, busqué a un amigo médico y radiólogo que me interpretara los resultados y su opinión me sorprendió ya que me dijo: -lo que tienes es muy grave y el posible tratamiento, costoso; sumiéndome así en un mar de incertidumbre.

Durante la noche del 3 de mayo, dolores intensos y náuseas me abrumaron, por lo que mi esposa e hija deciden internarme en el hospital entrando en la madrugada.

Una vez internado, DIOS me permitió ver tres perfiles muy distintos de los trabajadores de la salud.

El médico comprometido con su profesión, de trato amable y compasivo, responsable con la atención de los pacientes, tranquilizándome; hace un chequeo exhaustivo de mis síntomas y manda hacer los análisis correspondientes para descartar o confirmar las posibles enfermedades, toda vez que mi hija le entregó los estudios que me había realizado en otro hospital, por lo que decidió cotejarlos.

Habla con prudencia y respeto a las enfermeras, me pide que esté tranquilo, me da confianza y elabora un informe que pasará al siguiente turno médico. A pesar de trabajar turno nocturno, estaba de buen humor y motivaba a los enfermos, amaba y respetaba su trabajo.

El segundo perfil, es el médico malhumorado impaciente y carente de trato humano y misericordioso, quien a pesar del dolor de los enfermos, a todos regresa a su casa con paracetamol y sin llevar a cabo un protocolo de análisis y síntomas, tratando mal al personal de limpieza, enfermeras y desde luego a los pacientes.

Y por último, el médico que ni para bien ni para mal, no se preocupa por la atención a sus pacientes, tan solo son un número más que pueden esperar a que termine de platicar cosas personales con la asistente médica o simplemente no está de humor. A todo decía: -que se esperen.

¡Gracias a Dios, el médico que me atendió fue un médico comprometido y apasionado en su profesión! Quien mandó inmediatamente ponerme suero, pidió exámenes de química sanguínea y análisis tumoral, entre otros tantos.

Solicitó, la opinión del cirujano y del internista, quienes de urgencia pidieron placas de rayos X, tomografía axial computarizada y biopsias para determinar el tipo de Linfoma.

Fueron horas y días de angustia con dolores indescriptibles, falta de sueño y de apetito, los cuales generaron una debilidad que nunca había sentido, así como pérdida de peso. Por la Gracia de Dios mi fe era fuerte, tenía el amor de mi familia y el apoyo de muchos amigos.

Un buen amigo, me consigue la cita con un joven oncólogo de reconocimiento nacional, quien al interpretar mis estudios con voz tranquila me dice: -tienes cáncer (Linfoma), ganglios linfáticos inflamados y agua en un pulmón; el tumor no es operable, por tener una consistencia acuosa, tengo que turnarte con el hematólogo y él, te sugerirá un tratamiento.

La oposición se vence con autoridad.

Soy sano, en el poderoso nombre de Jesucristo, bajo el poder del Espíritu Santo.

Con una problemática complicada de economía y salud, enfrenté la pandemia **como un roble,** de la mano de Dios.

La crítica y la envidia siempre viajan juntas, la mejor estrategia es la discreción.

Una persona preguntaba: -¿venderás tus negocios? Esperaban verme deprimido, derrotado, roto en mil pedazos, completamente solo, pero no fue así. Me sujeté de la mano de DIOS y estaba más vivo que nunca, con el amor de mi familia y múltiples amigos al pendiente de mi salud y de mi familia.

Le pedí a DIOS que me sujetara fuertemente e hice un pacto con Él. ¡Vamos a luchar, a vivir, a sobrevivir!

Capítulo II

EXPULSANDO EL TEMOR

La mejor forma de superar una crisis que no está en nuestras manos, es poner todo en manos de Dios, tener información verídica de la enfermedad y expulsar los temores. Me declaré sano en el poderoso nombre que está por encima de todo nombre: Jesucristo mi Señor.

Así que comencé a investigar en el ABC de enfermedades, "Oncosalud", "Mayo Clinic", entre otras tantas y preguntar a diversos médicos sobre la enfermedad que me estaba agobiando. Sus comentarios fueron:

"El cáncer linfático es uno de los menos conocidos, aunque se trata de un tumor que afecta a un gran número de personas en todo el mundo y que, según han advertido los expertos, **su mortalidad incrementará en las próximas décadas**, ya que es una enfermedad que afecta en mayor grado a mayores de 65 años".

¿Qué es el linfoma?

El linfoma es un tipo de **cáncer de sangre que se desarrolla en ganglios linfáticos**, que forman parte del sistema inmune.

Se produce cuando existe una alteración en alguna de las células linfoides que, al malignizarse, empiezan a proliferar y provocan el crecimiento de alguno de los ganglios linfáticos o tejidos en los que se encuentren las células afectadas.

¿Cuántos tipos existen y cuáles son?

Existen múltiples tipos de linfoma, pero los más comunes son los de "Hodgkin" y los de "No Hodgkin". Los primeros tienen una tasa de supervivencia por encima del 70% y suelen afectar sobre todo a personas con edades comprendidas entre los 15 y 40 años a nivel mundial.

El linfoma "No Hodgkin", por otro lado, engloba a más de 20 subtipos de cáncer, y suele afectar a personas en edades más avanzadas, que en muchos casos ya presentan otras patologías previas o han recibido quimioterapia o radioterapia. Es, además, el tipo de linfoma más frecuente.

Síntomas: uno de los principales problemas de esta enfermedad es la **dificultad a la hora de percibir los síntomas** y por lo tanto, de detectarla rápidamente para poder erradicarla a tiempo. Los expertos llevan años reclamando una mayor visibilidad de las causas y síntomas de los linfomas, todavía existe un "gran desconocimiento" que hace que "el éxito en poder visibilizar este tumor sea menor que en otros tipos de cánceres".

La sintomatología de este cáncer hematológico varía dependiendo del tipo de linfoma o la zona del cuerpo que esté más afectada, pero los más comunes suelen ser: **sudores nocturnos, fiebre continuada y escalofríos, picazón, Inflamación de los ganglios linfáticos** (cuello, axilas, ingles, etc.), **pérdida de peso, tos o dificultad respiratoria** y/o **hinchazón o dolor abdominal.**

"Inicialmente pueden no producirse síntomas, hasta que aparece un **bulto grande no doloroso en el cuello, las axilas o las ingles",** nódulos que se pueden ver y notar al palpar, a no ser que crezcan en el interior del cuerpo.

Diagnóstico y pronóstico

Para diagnosticarlo, a parte de los análisis correspondientes, se debe realizar una biopsia del ganglio o zona afectada, así como de la médula ósea en algunas ocasiones.

Su pronóstico depende de diversos factores, como la edad del paciente, la etapa en la que se encuentre el linfoma o si afecta a algún órgano. Así, los considerados más agresivos son los que se encuentran en fase III ó IV en pacientes de más de 60 años y en más de un órgano del cuerpo.

Del grado de agresividad del linfoma, dependerá por lo tanto, el tratamiento a llevar a cabo y que puede ser la quimioterapia, la radioterapia, la combinación de ambos o en ocasiones, una vigilancia médica sin tratamiento. Además, se están llevando a cabo diversos estudios que investigan otros posibles tratamientos, basados en la medicina personalizada.

Se han alcanzado grandes logros que permiten detectar la enfermedad en un episodio temprano o integrar nuevas estrategias de inmunoterapia.

La fuerza del espíritu

Dos días después de haber asistido a consulta con el oncólogo, me encontraba en el consultorio del hematólogo quien, al ver mis estudios, con voz pausada me dice: -esto no me gusta, mi hija le pregunta: -¿qué puede comer mi papá? Él responde: -en las condiciones que viene tu papá, que coma lo que quiera menos pescado o carne cruda, a lo que pregunto yo: -¿tan mal vengo? Y él responde: -es posible que ni con la quimioterapia la libres. Las quimios, están suspendidas por el COVID-19 pero tu caso es urgente, requieres estos medicamentos especializados, te ayudarán a sentirte mejor.

Afortunadamente los encontramos en la ciudad de México y en Monterrey, Nuevo León; en Guanajuato no los tenían las farmacias especializadas, ni los hospitales de más prestigio como, el Hospital Ángeles o el Hospital Aranda de la Parra. Llenos de desesperación y preocupados porque la quimioterapia estaba programada para el día siguiente, por la tarde mi hija contactó a un distribuidor médico, quien nos consiguió el medicamento unas horas antes de iniciar la quimioterapia.

Esa noche se unieron varios grupos de la 'Fraternidad de Damas y Caballeros' para hacer oración y pedirle a DIOS que restaurase mi salud.

Recibí llamadas de muchos amigos, líderes de opinión tanto nacionales, locales y de otros países. Me di cuenta que lo que sembramos es lo que cosechamos, yo siempre compartí el pan, mi tiempo y finanzas para quien yo pensaba que lo necesitara, aun sin pedirlo.

Clientes me pagaban lo que me debían. Cecilio, líder sindical a quien le digo con cariño "hermano mayor" me apoyó (viajando varias horas desde otro estado, ya que radicamos en diferentes estados) al traerme cubetas de guanábana y miel, ya que él tuvo la misma enfermedad y DIOS lo sanó. Le platiqué de mis dolores, que no dormía y mi dificultad para respirar, que no podía acostarme a nivel de la cama porque sentía que me ahogaba. Al día siguiente, viajó nuevamente para traerme lo que me había comprado, un "relax room" (reposet) el cual me regaló y en el que descanso en este momento.

Todos los días una dama y amiga de la fraternidad (Maricela), me trae de comer; otro fraterno (Martín) me trae dulce de guayaba, fruta y sus oraciones cuando me siento débil.

Pude ver la mano de Dios en gente sencilla y amigos de posición acomodada, todos en su medida al pendiente de este siervo del señor.

Llegó una silla de ruedas, para poder asistir a las quimioterapias, estudios y consultas médicas y poder desplazarme sin tantas complicaciones por la debilidad de mis piernas para caminar o estar parado y en mi despensa hay comida, me condonan la renta de ese mes del departamento donde vivo, un matrimonio muy querido por toda mi familia conformado por Manuel y su esposa, me pagó un tratamiento médico adicional a las quimioterapias; todo con fe abandonándome en el Señor y expulsando mis temores.

Creo en Dios y le creo a Dios.

Capítulo III

EN EL CAMINO DEL SEÑOR, SÉ QUE PUEDO VOLVER A EMPEZAR Y CREO EN LA SANIDAD DIVINA

Mi primera quimioterapia

Llego al hospital con un desconocimiento total del procedimiento, me comentaron que la duración promedio era de dos horas, sin embargo, la mía duró seis horas y media, pero yo estaba tranquilo; ya había puesto todo en manos de Dios, pedí perdón y perdoné a quien tenía que perdonar, quería tener paz y gozo en mi corazón.

Pero, aunque tranquilo, no dejé de pensar en la historia de mi vida mientas me hacían la punción venosa para ponerme en la mano el suero para "la quimio".

Mientras los químicos recorrían mis venas, me coloqué unos audífonos para escuchar cantos Gregorianos, respiré profundo y empecé a recordar la niñez feliz que viví en medio de dos hermanos mayores y dos hermanos menores, rodeado de amigos y novias desde cuarto de primaria.

Recordé que a los trece años junté dinero y una noche les dije a mis padres: -hoy salgo a Veracruz, mañana desayuno frente al mar y me regreso. Recuerdo el rostro de angustia de mi madre y sus lágrimas, mi padre la abraza y le dice: -déjalo, tiene que ser independiente y crecer. Me abrazan y me dan la bendición. Fue un desayuno inolvidable con fruta, huevos rancheros y café con leche, dejé de ser niño y empecé a ser responsable. Mi padre y mi madre fueron un matrimonio lleno de fe, siempre me instruyeron a querer y respetar, nunca tomar lo que no era mío y entender que detrás de la puerta de cada familia, aunque no los veas, todos cargan sus problemas, ricos y pobres, todos necesitamos amor.

Formé parte de diferentes grupos deportivos, fui tercer lugar nacional de artes marciales, tercer lugar nacional en 200 metros planos. Fui chambelán de muchas quinceañeras, y afortunado en mil amores.

Tantas historias que se arremolinan y llegan como olas a la playa, mientras siento mi cuerpo arder por los químicos.

Yo era el romántico que enamoraba a todas, pero sólo una jovencita no cayó ante mis encantos. Era muy bella, brillaba como una estrella, altanera y orgullosa, todas sus amigas salían conmigo, pero para ella yo era invisible. Recuerdo llegar a una fiesta con varios amigos y la veo con sus hermanas, comento con mis amigos: -saquen a bailar a sus hermanas y yo a la sangrona, mi sorpresa fue que la caprichosa… ¡Sí bailó conmigo! El aire se volvió ligero, flotaba, mi corazón latía más rápido que nunca y me sudaban las manos, solo podía mirar el brillo de sus ojos y abrazarla mientras bailaba. No la solté en toda la noche y hoy, 39 años después, no la suelto y puedo decir con orgullo, que es mi esposa.

Le he pedido perdón por no haber sido el hombre que ella merecía. Hoy que estoy con la cercanía de un cáncer terminal lamento no haberle dedicado el tiempo, como un rayo de sol que abraza, como un regalo de Dios. ¡Mi único y primer gran amor!

Fui líder estudiantil. Estudié arquitectura, contabilidad y finanzas. Siempre formé parte de los grupos de poder político. Siempre compartí lo poco o mucho que tenía, aun a costa de descuidar mi familia. Hoy con pena lo digo, no tenía una cercanía con DIOS, era orgulloso y vengativo, siempre cumplía lo que prometía y dejé de compartir con mi esposa y mis hijos tiempo de calidad, perdiendo el tiempo. No puedo borrar mis errores, pero sí enmendarlos y comenzar una nueva vida de la mano de DIOS, en una segunda oportunidad.

Entendí que la voluntad de Dios, está claramente revelada en su palabra. Teniendo fe en Dios, él es fiel.

SALMO 103

1. Bendice al Señor, alma mía, alabe todo mi ser su Santo Nombre.

2. Bendice, alma mía, al Señor y no olvides ninguno de sus beneficios.

3. Él perdona todas tus ofensas y te cura de todas tus dolencias.

4. Él rescata tu vida de la tumba, te corona de amor y de ternura.

5. Él colma de dicha tu existencia y como el águila se renueva tu juventud.

6. El Señor obra en justicia y a los oprimidos les da lo que es debido.

7. Reveló sus caminos a Moisés y a los hijos de Israel sus proezas.

8. El Señor es ternura y compasión, lento a la cólera y lleno de amor.

9. Si se querella, no es para siempre; si guarda rencor, es sólo por un rato.

10. No nos trata según nuestros pecados ni nos paga según nuestras ofensas.

11. Cuanto se alzan los cielos sobre la tierra, tan alto es su amor con los que le temen.

12. Como el oriente está lejos del occidente, así aleja de nosotros nuestras culpas.

13. Como la ternura de un padre con sus hijos, es la ternura del Señor con los que le temen.

14. Él sabe de qué fuimos formados, se recuerda que sólo somos polvo.

15. El hombre: sus días son como la hierba, él florece como la flor del campo,

16. Un soplo pasa sobre él y ya no existe y nunca más se sabrá dónde estuvo.

17. Pero el amor del Señor con los que le temen es desde siempre y para siempre, defenderá a los hijos de sus hijos.

18. **D**e aquellos que guardan su alianza y se acuerdan de cumplir sus ordenanzas.

19. El Señor ha fijado su trono en los cielos y su realeza todo lo domina.

20. Bendigan al Señor todos sus Ángeles, héroes poderosos, que ejecutan sus órdenes apenas oyen el sonido de su palabra.

21. Bendigan al Señor todos sus ejércitos, sus servidores, para hacer su voluntad.

22. Bendigan al Señor todas sus obras, en todos los lugares de su dominio.

¡Bendice, alma mía, al Señor!

Jesús es Pan de Vida

Una vez que entendí la voluntad de Dios con respecto a la sanidad, medité y corregí mi forma de hacer oración. La escritura nos enseña que es voluntad de Dios sanar, somos nosotros los que no cuidamos el Templo de Dios, con odios y resentimientos, malos hábitos de alimentación, excesos y muchas otras cosas que le hacen daño a nuestro cuerpo. Dios puso en mi corazón: "Suelta tu pasado conviértete aquí y ahora".

Por ello, **renuncio a esta enfermedad y le pido perdón a mi cuerpo, por no cuidarlo como debería, hoy me declaro sano en el nombre de Jesucristo.**

La mejor respuesta a nuestros problemas es Jesús. Él es la fuente de sanidad para cada enfermedad, malestar o dolencia, sin importar lo grande, pequeña o complicada que ésta sea. Él es la Respuesta. Jesús es médico, consolador y proveedor.

Si usted abre su corazón, su mente y su vida a Dios y su perfecta voluntad, usted comenzó a creerle a Él. No es lo mismo creer en Dios que creerle a Dios.

Espiritualmente estoy fuerte, debido a que tuve que aferrarme a DIOS para poder vivir cada día. Mis emociones estaban de cabeza, pasé un desierto de cuarenta días.

Jesús me cubrió de pies a cabeza, llenando mi vida de esperanza y luz. Dios en su compasión y misericordia nos ama, Él desea que todos tengamos paz completa. Si no fuera así, Dios no hubiera enviado a su hijo a la tierra como sacrificio para limpiar nuestros pecados y poder ser reconciliados.

Así un día después de mi primera quimioterapia, me levanté adolorido, debilitado, flaco, ojeroso y con toda la piel acartonada y ceniza. Me vi al espejo y estaba muerto en vida, me asusté, sentí cómo la vida se retiraba de mi cuerpo y empecé a clamarle a DIOS, sentí en mi corazón cómo me cubría y me decía: "Ya tocaste fondo, levántate y sigue adelante".

"Al desembarcar Jesús y encontrarse con tan gran gentío, sintió compasión de ellos y sanó a sus enfermos." (*Mateo, 14:14-*)

Esa noche, después de un par de meses por fin pude dormir y descansar. Al día siguiente, desperté con apetito disfrutando el desayuno, era algo maravilloso: ¡Estaba comiendo otra vez!

Recibo la llamada de un matrimonio al que quiero mucho, un matrimonio consagrado a DIOS. Mi amigo me saluda, pregunta por mi salud y me dice que su esposa tuvo una visión y quiere hablar conmigo.

Me la comunica y escucho una voz llena de alegría, como cuando compartes una buena noticia. Me comenta que estando en su vehículo, vio cómo Jesucristo estaba en mi recámara abrazándome, cómo me atravesaban unos rayos dorados todo el cuerpo y una materia negra que tenía en el abdomen se convertía en una hermosa perla. Yo era un Hijo de DIOS y Él ya me había sanado, lo que estaba viviendo era un crisol para poder ser un testimonio de que DIOS es un DIOS vivo, real y que actúa con milagros todos los días. Termina la llamada y caigo de rodillas agradeciéndole a DIOS. Coincidía su visión con el cambio en mi cuerpo.

Estaba en armonía, tenía paz y gozo en mi corazón, podía dormir, comer y disminuían los dolores. Cuando no hay lógica ni entendimiento un milagro se llama MILAGRO.

Hago una oración de sanidad que me mandaron por WhatsApp y me entrego a los caminos de Señor:

Mi buen Jesús, te alabo y adoro,
te amo con todo mi corazón
y agradezco tu entrega por nosotros en la Cruz,
acudo ante Ti sabiendo que estás siempre a nuestro lado,
que todo lo ves, todo lo sabes y nunca abandonas.

Tú que concedes vida en abundancia
y eres médico verdadero y dador de salud,
Tú que eres el Buen Pastor y cuidas de tu rebaño
te ruego que desciendas y concedas tu protección y amparo
a este ser querido que tanto padece por su enfermedad,
apelo a tu infinito amor, a tu bondad y clemencia
y solicito la gracia de la salud para ... (nombre del enfermo).

Dulcísimo Jesús, que dijiste:

"Yo Soy la Resurrección y la Vida",
que recibiendo y llevando en Ti mismo nuestras enfermedades,
curabas las dolencias y males de cuantos se te acercaban;

a Ti acudo lleno de esperanza, lleno de seguridad,
para implorar de tu Sagrado y Divino Corazón
la sanación de ...

Jesús bendito, por tu inmensa potestad,
y por la intercesión de tu Santísima Madre,
la Bienaventurada siempre Virgen María,
que es salud de los enfermos y consuelo de los afligidos,
solicito que alivies y atiendas en la presente enfermedad
a tu siervo(a) ...,
si es conveniente para su bien espiritual y el de mi alma.

Señor Jesús, que al funcionario real que te decía:
"Venid, Señor, antes que mi hijo muera",
le respondiste: "Vete, tu hijo vive",
te pido con todo mi ser: Señor cura con tu poder a ...

Señor Jesús compasivo, que al ciego de Jericó,
que sentado junto al camino te decía en alta voz:
"Jesús, Hijo de David, ten piedad de mí",
le respondiste: "Recupera tu vista, tu fe te ha salvado",
y al momento pudo ver,
te pido con toda mi fe: Señor, devuelve la salud a ...

Señor Jesús, que diciendo: "Quiero, sé limpio",
limpiaste al leproso, que te decía suplicante:
"Señor, si quieres, puedes limpiarme"
te pido Señor, no dejes que sufra, sana a ...
Señor Jesús, que libraste al mudo poseído del demonio,
y luego, el que antes era mudo habló elocuente a las turbas,
te suplico extiendas tu Milagrosa Mano y sanes a ...

Señor Jesús, que sanaste al enfermo
que llevaba treinta y ocho años de su enfermedad,

junto a la piscina de las ovejas, diciéndole:
"Levántate, toma tu camilla y anda" y anduvo,
te ruego: cúralo, Señor mío.

Señor Jesús, todo bondad y misericordia
que delante del hijo muerto de la viuda de Naím,
enternecido, dijiste a la madre: "No llores"
y tocando el féretro, añadiste:
"Joven, a ti te digo, levántate"
entregándolo luego, vivo a su madre.
Señor te suplico, haz un milagro y restituye la salud a
....

Señor Jesús, que dijiste:
"Bienaventurados los que lloran,
porque ellos serán consolados"
dale el consuelo y alivio que precisa en su dolor a ...

Señor Jesús, que dijiste:
"En verdad, en verdad te digo,
que todo cuanto pidieras al Padre, en Mi Nombre, os lo dará",
apiádate de tu siervo(a) ... y cura su cuerpo,
llénalo(a) de bendiciones y no le abandones,
recurro a Ti con toda humildad y lleno de confianza
para que le ayudes a vencer su enfermedad,
apartes todo sufrimiento y dolor de su cuerpo
y le devuelvas la salud perdida que tanto necesita.

Capitulo IV

LA SANIDAD DIVINA ESTÁ DISPONIBLE PARA TODOS CON UNA VERDADERA CONVERSIÓN DE CORAZÓN

Oración:

Señor el pasado a Tu Misericordia,

El futuro a Tu Providencia,

El presente a Tu Amor,

Tú sabes Señor, que lo único que tengo es el día de hoy para amarte y por Ti, a todo lo que me has dado.

Segunda quimioterapia

En mi siguiente quimioterapia, vi los rostros de angustia y dolor en otros pacientes, me di cuenta que podía hablarles de Jesús y decirles que los dolores y las situaciones que no están en nuestras manos solucionar, se las dejemos a Él, que es un amigo fiel y nunca falla. El sanar de esta enfermedad está en manos de Dios, no en tu intelecto; sí con actitud, fe y fortaleza.

Observé un señor de nombre Salvador, que inicio el tratamiento igual que yo, pero él, sí con una gran merma en su salud, sin cabello, en silla de ruedas y una piel aún más ceniza que la mía, sentí en mi corazón la necesidad de darle la profesión de fe, la aceptó con los ojos llorosos.

Al día siguiente en la quimioterapia, lo veo con un brillo en sus ojos y mucho optimismo. Al mismo tiempo una jovencita posiblemente de quince años (a quien después conocí con el nombre de "Lupita"), cuando le ponen sus medicamentos tiene problemas para respirar, dolores intensos, angustia y desesperación. Dios pone en mi corazón que le dé las palabras que cambiaron mi vida (profesión de fe), lo hago y su cambio fue rápido, toleró el medicamento y durmió profundamente. En este camino, una jovencita invadida por el cáncer, sin cabello, extremadamente delgada, pero con el sueño de verse bonita y vivir, repite la profesión de fe. Una maestra la que le regresó el cáncer le pronosticaron un mes de vida, declaró a Jesús como su Señor y Salvador, confiando en Él sus angustias y dolor, para consolar y sanar todo su malestar. Con lágrimas en los ojos declara sanidad en su cuerpo y en fe espera regresar a dar clases.

Entendí que Dios me usaría para llegar a esas almas y decirles que hay esperanza, Jesús los ama: "Lo que en Gracia recibes en Gracia das".

Ese era mi trabajo, Dios estaba restaurando mi salud y por ello, tenía que llevar esas palabras de esperanza a quien lo necesitara, lo cual hacía con gusto y seguridad respaldado por Jesús.

Dios se movía a través de mi familia y de amigos que me llevaban de un lugar a otro, cuidaban de mí, me alimentaban, me sentía nuevamente lleno de vida y agradecido con Dios, así que me propuse servirle a Dios y llevar almas a los pies de Jesús.

Son tiempos de prueba para mostrar mi fidelidad a Dios y esperar la luz en ese encuentro personal, mi vida brilla al permanecer firme en la fe.

De una forma extraordinaria empieza una recuperación milagrosa en mi salud, y necesito saber:

¿Cómo enfrentar la culpa y la falta de perdón?

¿Cómo ser lleno del Espíritu Santo?

¿Cómo cerrar puertas de errores generacionales y ser libre?

¿Cómo poder ayudar a los demás que no encuentran el camino?

Pido que DIOS, Padre Glorioso, me dé Espíritu de sabiduría y de revelación para que lo conozca mejor y poder servirle en excelencia, tocando corazones y convirtiendo angustias en paz y gozo. Y empiezo a recibir bendiciones sobrenaturales en poco tiempo.

Fe con acción

Un día, un buen amigo me llama desesperado y me platica la cantidad de problemas que tiene: se quedó sin trabajo, agotó sus ahorros, pagos atrasados a su hipoteca, le quitaron su camioneta por no pagar, tarjetas de crédito vencidas, su esposa le pidió el divorcio, sus hijos lo ignoran, así como un problema legal.

Ya no sabía qué hacer, estaba por correr y dejarlo todo. Pensó que su vida no valía y se sentía en un laberinto sin salida, vulnerable, perdió su seguridad y creía que era un castigo de Dios por algo que habría hecho consciente o inconscientemente, lloraba en su soledad.

Deseaba volver a su vida anterior, donde se comía el mundo a mordidas, rodeado de amigos, fiestas sociales, eventos políticos y empresariales, pero sobre todo sentía armonía en su familia; para él, de noche las estrellas lo acompañaban, besos y caricias. Hoy, solo penas en su corazón.

Querido amigo, con respeto le pregunté: -¿Dónde quedó DIOS en tu vida, si perdiste el camino, si confundes la noche con el día, si descuidas lo más importante que es tu relación personal con Dios y tu familia?

Llorando responde: -por pretender darle estabilidad a mi familia la descuidé y dejé a Dios de lado, hoy siento que voy en caída libre a un abismo.

Después de platicarme su sentir, se disculpó por comentarme sus problemas, me preguntó con la voz quebrada, cómo era posible que yo hablara con tanta tranquilidad, cuando en plena pandemia cierro uno de mis negocios, me detectan cáncer en una etapa extremadamente avanzada, y con la necesidad de cubrir gastos fijos.

Respiré profundo y le pedí a Dios que hablara por mí, para poder orientarlo en amor y que recuperara su tranquilidad.

No soy quién para decirte qué hacer, le dije, pero sí puedo decirte lo que Dios puso en mi corazón. Primero hicimos un ejercicio de respiración para calmar su ansiedad y poner la mente en blanco. Respiró profundamente, llenó de aire los pulmones y soltó el aire lentamente, lentamente, muy lentamente. Y a continuación realizamos la siguiente oración:

PADRE CELESTIAL

Reconozco que te he fallado y te pido que me perdones, en este momento me arrepiento de todo el mal que haya hecho y rompo con toda mi vida anterior. Hoy abro mi corazón a Ti y te recibo para que me hagas una nueva persona, lléname de tu Espíritu Santo y te acepto como mi Señor y Salvador.

Te pido que de hoy en adelante me guíes en todas mis decisiones, en todo lo que haga, te entrego mis problemas, mis deseos, mis necesidades, mis enfermedades, mi familia, mi trabajo, todo lo que tengo y todo lo que soy. Te pido que escribas mi nombre y el de mi familia en el libro de la vida y te doy gracias por aceptarme como soy, en el nombre de Jesucristo.

Que Así sea.

Mi amigo, al repetir estas palabras solloza, abre su alma como una rosa en el rocío y confía en que Dios lo puede ayudar, lo reafirma: "Dios me puede ayudar".

Le pido autorización para pedirle a Dios, POR TODAS SUS NECESIDADES, pero sobre todo aumentar su fe:

Señor mío y Dios mío, creo en ti. Te ruego Padre mío que este varón, en silencio encuentre tu voz y pueda reescribir su vida. Detén su caída, no permitas que ningún dardo del enemigo lo toque, ablanda su corazón y dale la capacidad de pedir perdón por sus errores.

Te pido abras puertas para que tenga un trabajo honrado y pueda cubrir sus compromisos, en este momento lo cubro con tu bendita sangre y le pongo tu armadura bajo el poder del Espíritu Santo.

Así sea.

Le dije: -ve a tu casa y pide perdón por lo que hubieras hecho o dicho consciente o inconscientemente, a tu esposa y a tus hijos, el Espíritu del Señor está contigo, si has tomado algo que no es tuyo, tienes que devolverlo.

Al pasar los días reencausó su vida y salvó su matrimonio.

Es necesario pedir perdón con paz, amor, paciencia, gentileza, humildad, bondad, sabiduría, compasión, justicia y valentía.

Un buen amigo Nicolás me mostro su sentir, Para tener una relación con DIOS, debes perdonar (aunque no te pidan perdón) si no, Él no recibe, ni tus oraciones ni tus ofrendas, también sólo si tú perdonas Él te perdona, perdonar y olvidar la ofensa.

El perdonar no tiene límites, 70 veces 7 lee, Mateo 18: 21 y 22, lee también Marcos 11: 25, y Mateo 6: 12 y 14, Colosenses 3: 13,

En la recopilación encontré la siguiente información:

Perdonar significa disculpar a alguien que nos ha ofendido o no tener en cuenta su falta.

En una lectura encontré que en la Biblia, la palabra griega que se traduce "perdonar" significa literalmente "dejar pasar", como cuando una persona deja de exigir que se le pague una deuda. Jesús usó esta comparación al enseñar a sus discípulos a orar: "Perdónanos nuestros pecados, porque nosotros mismos también perdonamos a todo el que nos debe" (Lucas 11:4). De igual manera, en la parábola del esclavo que no mostró misericordia, Jesús explicó que el perdón es como la cancelación de una deuda (Mateo 18:23-35).

Perdonamos a otros cuando dejamos de guardar resentimiento y no insistimos en pedir una compensación por el daño que nos hayan hecho o por la pérdida que hayamos podido sufrir. La Biblia enseña que el perdón se basa en el amor sincero, ya que el amor "no lleva cuenta del daño" (1 Corintios 13:4- 5).

Perdonar no significa:

- **Aprobar la ofensa.** La Biblia condena a quienes consideran una mala acción como aceptable o inofensiva (Isaías 5:20).

- **Actuar como si la persona no hubiera cometido la ofensa.** Dios le perdonó al rey David sus graves pecados, pero no lo libró de las consecuencias. Además, Dios hizo que los pecados de David se pusieran por escrito para que se conocieran en la actualidad (2 Samuel 12:9-13).

- **Dejar que los demás se aprovechen de uno.** Supongamos que le prestamos dinero a alguien. Pero él lo malgasta, así que no puede devolverlo como se había comprometido a hacer. Él se siente mal y nos pide perdón. Nosotros podríamos decidir perdonarlo, es decir, no guardarle resentimiento ni echarle en cara continuamente lo que ha hecho. Quizás hasta pudiéramos cancelarle la deuda por completo. Sin embargo, eso no significa que tenemos que estar dispuestos a prestarle más dinero en el futuro (Salmo 37:21; Proverbios 14:15; 22:3; Gálatas 6:7).

- **Disculpar sin una base válida.** Dios no perdona a los que cometen un pecado a propósito y con malicia, se niegan a reconocer su falta, no quieren rectificar lo que han hecho o no están dispuestos a pedir perdón a quienes causaron daño (Proverbios 28:13; Hechos 26:20; Hebreos 10:26).

Estas personas que no se arrepienten se convierten en enemigos de Dios. Y él no espera que perdonemos a los que él mismo no ha perdonado (Salmo 139:21- 22).

Pero ¿qué ocurre si alguien nos trata de forma cruel y se niega a disculparse o ni siquiera reconoce su error? La Biblia dice: "¡Ya no sigas enojado! ¡Deja a un lado tu ira!" (Salmo 37:8). Aunque no aprobemos lo que nos hayan hecho, no permitamos que nos consuma la ira. Más bien, tengamos confianza en que Dios hará que se haga justicia (Hebreos 10:30- 31). Además, nos consuela saber que Él, pronto hará posible que desaparezcan por completo las heridas emocionales que ahora nos causan tanto dolor (Isaías 65:17; Revelación [Apocalipsis] 21:4).

- **"Perdonar" todo lo que nos haya parecido una ofensa.** A veces, en vez de tener que perdonar un supuesto desprecio, lo que en realidad necesitamos es reconocer que no tenemos ninguna razón válida para estar ofendidos. La Biblia menciona: "No te des prisa en tu espíritu a sentirte ofendido, porque el ofenderse es lo que descansa en el seno de los estúpidos" (Eclesiastés 7:9).

¿Qué nos puede ayudar a perdonar?:

1. **Recordar siempre qué implica el perdón.** No significa que consideramos que está bien

lo que sucedió ni que nunca pasó. Sencillamente lo pasamos por alto y seguimos adelante.

2. **Pensemos en los beneficios de perdonar.** Dejar de sentirnos enojados o de guardar rencor nos ayudará a estar más calmados más tranquilos, mejorará nuestra salud y nos permitirá ser más felices (Proverbios 14:30; Mateo 5:9). Y, lo que es más importante, perdonar a los demás es imprescindible para que Dios perdone nuestros pecados (Mateo 6:14- 15).

3. **Seamos siempre comprensivos.** Todos somos imperfectos (Santiago 3:2). Puesto que deseamos que los demás perdonen nuestros errores, nosotros también debemos perdonar los suyos (Mateo 7:12).

4. **Seamos siempre razonables.** Si el error es de poca importancia, tenemos que poner en práctica el siguiente consejo de la Biblia: "Continúen soportándose unos a otros" (Colosenses 3:13).

5. **Actuemos de inmediato.** Esforcémonos por perdonar enseguida en vez de dejar que se intensifique la ira (Efesios 4:26- 27).

El Amor de DIOS es tan grande, que solo quiere lo mejor para nosotros, como un padre nos muestra siempre el camino con amor y perdón dándonos lo mejor, somos nosotros los que tomamos malas decisiones y nos desviamos en el camino, pagando las consecuencias de nuestras acciones.

DIOS no es un padre castigador, son nuestras acciones las que nos llevan a sembrar y cosechar cosas buenas o malas.

www.diariodealmeria.es

Capítulo V

LA ESPERA ENCIENDE LUCES EN MI ALMA

¡CREO EN TI SEÑOR, ¡DESDE MI FE, CON LA PAZ DE UNA MIRADA INOCENTE!

En oración le pido a mi Señor el entendimiento de los 7 dones del Espíritu Santo, Investigo y estudio la forma de pensar de mis guías espirituales replicando su pensar.

1.- Consejo

En el momento en el que lo acogemos y lo albergamos en nuestro corazón, el Espíritu Santo comienza a hacernos sensibles a su voz y a **orientar nuestros pensamientos**, nuestros sentimientos y nuestras intenciones según el corazón de Dios.

Al mismo tiempo, nos conduce cada vez más a **dirigir nuestra mirada interior hacia Jesús,** como modelo de nuestro modo de actuar y de relacionarnos con Dios Padre y con los hermanos.

2. Entendimiento

Está estrechamente relacionado con la fe. Cuando el Espíritu Santo habita en nuestro corazón e ilumina nuestra mente, nos hace crecer día a día en la comprensión de lo que el Señor ha dicho y ha realizado. **Comprender las enseñanzas de Jesús**, comprender el Evangelio, comprender la Palabra de Dios.

Si leemos el Evangelio con este don podemos comprender la profundidad de las palabras de Dios.

3. Sabiduría

No se trata sencillamente de **la sabiduría humana**, que es fruto del conocimiento y de la experiencia.

La sabiduría es la gracia de poder ver cada cosa con los ojos de Dios. Es sencillamente eso: ver el mundo, situaciones, ocasiones, problemas, todo con los ojos de Dios.

En la Biblia se explica que Salomón, en el momento de su coronación como rey de Israel, pidió el don de la sabiduría.

4. Fortaleza

¿Cuántos hombres y mujeres —nosotros no conocemos sus nombres— honran a nuestro pueblo, honran a nuestra Iglesia, porque son fuertes al llevar adelante su vida, su familia, su trabajo y su fe?

Demos gracias al Señor por estos cristianos que viven una santidad oculta: es el Espíritu Santo quien les conduce. Y nos hará bien pensar: si ellos hacen todo esto, si ellos pueden hacerlo, ¿por qué yo no? Y nos hará bien también pedir al Señor que nos dé el don de fortaleza.

5. Ciencia

En el Génesis se pone de relieve que Dios se complace de su Creación, subrayando repetidamente la belleza y la bondad de cada cosa. Al término de cada jornada, está escrito: "Y vio Dios que era bueno".

Si Dios ve que la Creación es una cosa buena, es algo hermoso, también nosotros debemos asumir esta actitud. He aquí el don de ciencia que nos hace ver esta belleza; alabemos a Dios, démosle gracias por habernos dado tanta belleza.

6. Piedad

Este don no significa tener compasión de alguien, es decir, tener piedad por el prójimo, sino que indica nuestra pertenencia a Dios y nuestro vínculo profundo con Él, un vínculo que da sentido a toda nuestra vida y que nos mantiene firmes, en comunión con Él, incluso en los momentos más difíciles y tormentosos.

Se trata de una relación vivida con el corazón: es nuestra amistad con Dios, que nos dona Jesús, una amistad que cambia nuestra vida y nos llena de entusiasmo, de alegría.

7. Temor de Dios

No consiste en tener miedo de Dios: sabemos bien que Dios es Padre, y que nos ama y quiere nuestra salvación, y siempre perdona; por lo cual no hay motivo para tener miedo de Él.

El temor de Dios, en cambio, es el don del Espíritu que nos recuerda cuán pequeños somos ante Dios y su amor y que nuestro bien está en abandonarnos con humildad, con respeto y confianza en sus manos. Esto es el temor de Dios: el abandono en la bondad de nuestro Padre que nos quiere mucho.

https://conexionmigrante.com/2019-/06-/10/cuales-son-los-7-dones-del-espiritu-santo-el-papa-nos-explica/

El poder del Espíritu Santo

"Y si el Espíritu de Aquel que resucitó a Cristo de entre los muertos está en ustedes, el mismo que resucitó a Jesús de entre los muertos dará también vida a sus cuerpos mortales por medio de su Espíritu, que habita en ustedes." (*Romanos, 8:11)*

Tenemos que creerle a Él y a su palabra, nuestras acciones y nuestras palabras afectan nuestro futuro para bien o para mal.

Es importante entender que Dios no escoge a los preparados, más bien prepara a los escogidos. Dios usa personas imperfectas para llevar acabo su obra.

Yo deseo ser usado por Dios, soy imperfecto, pero todos los días trato de ser mejor. Ser un hombre justo y honorable.

La oración de Fe

El poder más grande sobre la tierra, no está en el dinero ni en las armas. Está en la oración y en la unidad de corazones dispuestos pidiendo por las necesidades de los demás.

"La oración hecha con fe, salvará al que no puede levantarse; el Señor hará que se levante y si ha cometido pecados, se le perdonarán." (*Santiago, 5: 15)*

"Por eso les digo: todo lo que pidan en la oración, crean que ya lo han recibido y lo obtendrán." (*Marcos, 11: 24)*

"Entonces Jesús le respondió: «Mujer, grande es tu fe; que te suceda como deseas.» Y desde aquel momento quedó curada su hija". (*Mateo, 15:28)*

"Pero de nuevo Jesús se dirigió a la mujer: «Tu fe, te ha salvado, vete en paz»". (*Lucas, 7: 50)*

Al tiempo que diversos grupos de amigos y amigas hacían oración pidiendo a Dios por la recuperación de mi salud perdida, milagrosamente inició un proceso de sanidad en mi cuerpo, disminuyendo los dolores y todas las molestias de la enfermedad.

Es importante subrayar el resultado de los sentimientos sinceros de gratitud de un hijo a un padre. Dios siempre quiere lo mejor para nosotros por muy complicadas o difíciles que sean las pruebas y los procesos, siempre vendrán cosas mejores, que en su momento no vemos ni entendemos ¿por qué? o ¿para qué?. No vendo ilusiones, soy un hijo de Dios y vivo lo sobrenatural.

Dios, como cualquier padre se complace con la gratitud de un hijo y se elevan los sentimientos de amor y compasión.

Recuerda que puedes saber cómo está actuando tu gratitud por el modo en que te sientes, te sentirás con paz y amor cuando practiques la gratitud.

Ten seguridad que la situación mejorará y que aparecerán las soluciones, la respuesta a cualquier situación negativa que desees resolver es dirigir la gratitud a Dios por todo lo que nos da, bueno y malo; porque aún en lo malo siempre hay cosas buenas.

Nunca reclames a Dios, ¿por qué a mí? La pregunta correcta a Dios es ¿cuál es la finalidad de esta prueba? y pedirle que quite la venda de nuestros ojos y nos permita ver más allá.

Cuando practicas la gratitud y el amor a Dios, cosas maravillosas pasarán a tu alrededor, sin que lo digas, las personas lo notarán.

La vida es maravillosa y se vive día a día. No desperdicies tu tiempo en rencores y envidas, sonríe y vive la vida. Así te convertirás en el centro de la bendición de Dios.

Lo que en Gracia recibes en Gracia das

Visualiza una cadena de favores, alguien te ayuda y a su vez, tú ayuda a alguien sin conocer y sin esperar nada a cambio, solo por compartir lo que Dios ha hecho en tu vida. Empezarás a ver una derrama de bendiciones y tu corazón se llenará de gozo.

Muchas personas orando por mí y yo a su vez orando y pidiendo por otras personas, es maravillosa la paz y el gozo en mi corazón.

Para la Gloria de Dios.

"La gente quedó maravillada al ver que hablaban los mudos y caminaban los cojos, que los lisiados quedaban sanos y que los ciegos recuperaban la vista; todos glorificaban al Dios de Israel." (*Mateo, 15:31)*

Señor Jesús, en este momento quiero ponerme delante de tu presencia y pedirte que envíes a tus Ángeles para que estén conmigo y se unan a mi oración en favor de mi familia.

Hemos pasado por momentos difíciles, momentos dolorosos, situaciones que nos han quitado la paz y la tranquilidad, situaciones que han generado angustia, miedos, incertidumbres, desconfianzas y por ende, desunión.

Ya no sabemos a quién recurrir, no sabemos ya a quién pedir ayuda, pero somos conscientes de que necesitamos tu intervención.

Por eso, por el poder de Tu Nombre, pido para que se rompa cualquier situación de interferencia de los patrones negativos de matrimonios y relaciones que mis antepasados tuvieron, hasta nuestros días. Patrones de infelicidad en la vida matrimonial, patrones de desconfianza entre los cónyuges, hábitos compulsivos de pecados que se han ido arrastrando de generación en generación entre todas las familias, como una maldición.

Que se rompan ahora por el poder del nombre y la sangre de nuestro Señor Jesucristo.

No importa Jesús, dónde comenzó todo, cuáles fueron las causas; quiero, por la autoridad de Tu Nombre, clamar que Tu Sangre sea derramada sobre todas las generaciones pasadas, para que toda la sanación y liberación que es necesaria, los alcance a todos ahora, por el poder de Tu Sangre Redentora.

Rompe señor Jesús, cualquier expresión de desamor que se pueda estar viviendo en mi familia, situaciones de odio, rencor, envidia, rabia, deseos de venganza, deseos de terminar la relación, de seguir solo en mi vida; que todo eso se derrumbe, Jesús, que gane Tu Presencia en medio de nosotros.

En el poder de Tu Sangre, Jesús, pongo fin a todo el comportamiento de indiferencia dentro de mi casa, pues ha matado nuestro amor. Renuncio al orgullo de pedir perdón, orgullo de reconocer mis errores; renuncio a las palabras malditas que le dije a mi cónyuge, palabras de maldición, palabras de humillación, palabras que le hieren, lastiman y dejan marcas negativas en su corazón. Palabras malditas que lo disminuyen, verdaderas maldiciones proclamadas en mi casa. Clamo y ruego a tu sangre redentora sobre todo eso, Jesús: cúranos y libéranos de las consecuencias que hoy se reflejan en nuestras vidas debido a esas realidades.

Renuncio a las palabras malditas que proferí sobre la casa donde vivo, por la insatisfacción de vivir en esta casa, de no sentirme feliz en esta casa, renuncio a todo lo que yo pueda haber dicho negativamente dentro de mi casa.

Renuncio a las palabras de insatisfacción que dije sobre nuestra realidad económica, pues a pesar de que recibimos poco, a pesar de que el salario mensual es muy justito, nada nos ha faltado, Jesús.

Por eso también te pido perdón. Perdón por la ingratitud, por no lograr ver en mi familia a la familia adecuada para mí.

Perdón Jesús, porque sé que he actuado equivocadamente muchas veces y quiero a partir de hoy recomenzar.

Jesús, perdona también a mis familiares por todas las veces que alguno de ellos deshonró el sacramento del matrimonio, míralos con misericordia, y restablece la paz en sus corazones.

Quiero pedirte Señor, que derrames el Espíritu Santo sobre nosotros, sobre cada miembro de mi familia... Que el Espíritu Santo pueda con Tu Fuerza y Tu Luz, bendecir a todas mis generaciones pasadas, presentes y futuras.

Que a partir de hoy pueda surgir en mi matrimonio y en el matrimonio de mis familiares, un linaje de familias comprometidas Contigo y con Tu Evangelio, que surja un linaje de matrimonios profundamente comprometidos con la sacralidad del matrimonio, llenos de amor, fidelidad, paciencia, bondad y respeto.

¡Gracias Jesús, porque oyes mi oración y te inclinas para oír mi clamor, muchas gracias!

Capítulo VI

EL PODER DE TUS PALABRAS, AGUA NUEVA

Para usar con propiedad las palabras hace falta conocer, no solo por intuición sino con información precisa, todos los términos empleados. Es importante saber los significados, las entonaciones y la forma en la que nos expresamos puede ser de bendición o de maldición, por ejemplo:

Una madre le dice a su hijo: Dios te bendice, te cuide y acompañe en tu trabajo. La oración de una madre a un hijo tiene poder y lo bendice.

Por otro lado, una madre le dice a su hijo: Eres un inútil, no sirves para nada. Lo está marcando en lo más profundo de su ser, él siempre recordará las palabras de su madre y se sentirá un inútil y fracasado que no sirve para nada.

Ninguna madre desea mal a sus hijos, más bien desconocen el poder de sus palabras y las consecuencias espirituales y emocionales que generan.

Las palabras pueden comenzar o destruir una relación. Las palabras pueden traer esperanza o desesperación, con ellas se puede inspirar, reparar y sanar.

Las palabras son importantes y cómo se usan, hace una diferencia. No es lo que se dice sino cómo se dice. Las palabras de aliento que son sinceras, casi siempre importan. Puede decir algo alentador y puede pensar que no se registró con la persona, pero sí lo hizo. Esas palabras de aliento regresan a las personas en sus horas más oscuras, cuando la esperanza parece perdida y no encuentran la salida.

La integridad es la clave de nuestras palabras. Cuando decimos "sí", debe ser "sí" y debemos respetar nuestro compromiso. Hay varias personas que cuando dicen "sí", es un "trato hecho". No necesitan ponerlo por escrito, un contrato o incluso un correo electrónico. Hay otros con los que no, "nunca haré ningún tipo de transacción a menos que se especifique por escrito".

Muchos Clasifican cuatro tipos de palabras:

1.- Palabras del "yo haré". Estas palabras son una herramienta poderosa para todos si actuamos con inteligencia e integridad. Damos a conocer nuestras intenciones explicando lo que vamos a hacer; le estamos diciendo a las personas que nos rodean "esto es lo que voy a hacer". Las palabras de "yo haré" se convierten en metas. Cuando damos a conocer nuestras intenciones, nos comprometemos a hacerlo.

2.- Palabras de Gratitud. Cuando pronunciamos en voz alta palabras de gratitud o agradecimiento, se convierten en herramientas poderosas para cambiar nuestra actitud interna y podemos tocar el corazón de otras personas. Nuestra mente hace un excelente trabajo expresando agradecimiento y gratitud generando paz y gozo en nuestro corazón. He aprendido que expresar gratitud, es una apertura maravillosa cuando se trabaja con personas generando sonrisas.

3.- Palabras de Ánimo. Alientan el alma, todos recordamos palabras de aliento de un maestro o amigo.

4.- El Silencio (Sin Palabras). Además de honrar nuestra palabra, hay momentos en los que decir nada, es igual de poderoso. La sabiduría y la experiencia ganan cuando controlamos la lengua y no decimos lo que nos duele, ni hacemos una declaración crítica. Saber cuándo no decir algo es tan poderoso como decir lo correcto. Cuando una persona es atacada verbalmente, y absorbe esos golpes verbales, elegir no responder con ira o venganza, es un ejemplo de verdadera sabiduría.

Palabras del corazón

El 29 de junio, Mario, amigo al que quise como un hermano, fallece por neumonía atípica, pero ¿Qué decirle a su esposa y a su hijo, cuando el dolor lo llevo en el corazón?

"Dios sabe que no debemos avergonzarnos nunca de nuestras lágrimas, pues son lluvia que cae sobre el polvo cegador de la tierra que endurece nuestros corazones". (Charles Dickens)

Cuando pensamos y hablamos, la gente reacciona. Nuestras palabras tienen un significado. Puede que no veamos los resultados inmediatos de lo que decimos, pero el impacto está ahí.

Piensa dos veces antes de hablar, porque tus palabras influyen en éxito o el fracaso en la mente de otros.

"Si usted dice en voz audible y lo cree: me siento fuerte, estará fuerte".

"Si usted dice en voz audible y lo cree: me siento sano, sano será".

Cuando los pensamientos se expresan en voz audible con fe y bondad, cosas maravillosas suceden alrededor, el sol nos calienta con ternura, la lluvia nos relaja y refresca, dejamos que nuestro cuerpo viva y no sufra, aprendemos a querernos y respetarnos.

En el nombre de Jesús

"Pedro le dijo: «No tengo plata ni oro, pero lo que tengo te doy: en nombre de Jesucristo el Nazareno, ponte a andar.»" (Hechos, 3: 6)

"Y por la fe en su Nombre, pues en su Nombre ha restablecido a este hermano que vosotros veis y conocéis; es pues, la fe dada por su medio la que le ha restablecido totalmente ante todos vosotros". (Hechos, 3: 16)

Nuestras palabras y nuestras acciones afectan nuestra vida y la de los demás, los milagros ocurren si caminamos en obediencia a Él.

Capítulo VII

EL ESPÍRITU ES DE DIOS

Lucas 4:18 :

El Espíritu del Señor está sobre mí,
por cuanto me ha ungido para dar buenas nuevas a los pobres,
me ha enviado a sanar a los quebrantados de corazón;
a pregonar libertad a los cautivos
y vista a los ciegos;
a poner en libertad a los oprimidos.

Debemos dejar de ser creyentes por interés y debemos pasar a ser creyentes fieles que dependen de la presencia de Dios en nuestra vida. ¿Por qué esto es importante que lo hagamos? La razón es porque la presencia de Dios en nuestra vida es la que nos da la victoria en los momentos de pruebas y procesos, analicemos la palabra de Dios que dice: **"El Espíritu del Señor está sobre mí".**

La vida tiene bajadas y subidas. Sufrimos experiencias que son negativas, pero también positivas. Solemos subir a las nubes con alegría y luego cuando hay penas o problemas de salud, legales o laborales que nos agobian, bajamos a los infiernos. Experimentamos momentos tristes y felices, porque así es la vida.

La vida de Jesús no fue diferente a la nuestra, pues Él también sufrió experiencias negativas y positivas.

En el evangelio de Mateo podemos leer que cuando Jesús fue bautizado, el Espíritu de Dios descendió sobre Él en forma de paloma y la voz de Dios se escuchó cuando dijo:

"Este es mi hijo amado, en quien tengo complacencia". (Mateo 3:17)

Un momento glorioso en la vida del Señor. Después de este evento glorioso, inmediatamente el mismo Espíritu, lo llevó al desierto para ser tentado por el diablo, cuarenta días y cuarenta noches. ¡Un momento muy difícil! Sin embargo, el Señor Jesús venció la tentación y volvió victorioso del desierto.

Jesús, a través de esta lectura, declara que el *Espíritu de Dios está sobre Él.* Como una confirmación de lo que Dios dijo de Él. Dios Padre pues, estaba complacido con Jesús. Señal de poder, autoridad, santidad y dominio. Jesús nos da una enseñanza que, ya sea en la cima de la montaña o en el valle de sombra y de muerte, mientras permitamos ser guiados por el Espíritu Santo, agradaremos a Dios, seremos y nos declararemos más que vencedores.

La carretera de la vida tiene muchas bajadas, pero también muchas subidas, tramos rectos y muchas curvas. Lo que importa verdaderamente es que dejemos que el Espíritu de Dios tome el control de nuestra vida con el tanque de gasolina lleno y no quedarnos a la mitad del camino, en la locura y perdiendo la vida por falta de cordura, sino con un amor total a Dios y respeto a nuestros semejantes, tratándoles como nos gustaría que nos trataran.

El 7 de julio, acostado en mi cama siento en mi corazón la necesidad de hacer una llamada a un buen amigo y líder sindical, Jesús. Al comunicarme lo escucho cansado, con dificultad para respirar y tos, era positivo a COVID-19 y se encontraba en cuarentena.

Entendí esa corazonada y necesidad de llamarle, era Dios diciéndome que hiciera oración y una dinámica de perdón para la pronta recuperación de la salud de Chuy. DIOS me utilizó y así fue.

Las cosas negativas son como un río que se desborda y arrastra con todo lo que se encuentra a su paso, inunda nuestras vidas y en ocasiones sentimos que nos ahogamos.

En este tiempo, las personas necesitan escuchar un mensaje que dé una esperanza, un mensaje que restaure y sane el alma enferma que está contaminada de iniquidad.

Muchos han abandonado los valores morales y el temor a Dios, algunos parece que han perdido su conciencia y el camino de amor y respeto.

Pero el Señor nos dejó revelaciones sorprendentes para aplicarlos en todos los tiempos. La Biblia nos dice que Jesús nos libera, que Él sana nuestro dolor y perdona nuestros pecados. Isaías dijo: *"más Él, herido fue por nuestras rebeliones, molido por nuestros pecados; el castigo de nuestra paz fue sobre Él, y por su llaga fuimos nosotros sanados". (Isaías 53:5)*

Hoy con tanto conocimiento, permanecemos ciegos en cuanto a las cosas espirituales. Todavía no hemos entendido que el Espíritu de Dios vive en nosotros. Sin embargo, Dios sigue haciendo un esfuerzo por enseñarnos cuál es su voluntad y también cuánto nos ama.

Vivimos en un mundo donde el diablo utiliza cualquier cosa para mantenernos oprimidos. En Cristo hay una esperanza para todos los oprimidos y es, que los pobres serán prosperados, los hambrientos serán saciados, los friolentos serán confortados, todos los enfermos serán sanados, de los pobres es el Reino de los Cielos. **(Mateo, 5:3)** No debemos dejarnos intimidar por las amenazas del diablo, Cristo murió para darnos una abundancia tanto espiritual como material. Dice la Biblia que: ***"todo lo puedo en Cristo que me fortalece." (Filipenses. 4:13)***

Capítulo VIII

LA PROMESA SE GUARDA EN EL ALMA

Le pido a Dios trascender tocando vidas, sonreír sin dificultad, amar la vida. Con fe, librar las batallas más duras y no temerle a la muerte. Trascender dejando huella en líderes, hijos, nietos, amigos y seres queridos aquí y ahora.

Todos los cristianos saben que existen las promesas de Dios en la Biblia.

Según los estudiosos en la materia, son más de 3 mil promesas que tienen cada uno de los seres humanos.

Solo pueden ser retiradas por su propietario, porque tienen su nombre y apellido.

La única manera que hay para conocer cuáles son esas promesas y solicitarlas como dueño de ellas, es leyendo la Palabra de Dios y haciendo su Voluntad aquí en la tierra.

Todos, sin importar la religión a la que se pertenezca, tienen acceso a las promesas de Dios, solo hay que creer en ellas y solicitarlas en oración.

La oración es más eficaz, cuando se hace mención de las promesas, que cuando agobiamos a Dios con nuestros problemas.

¿Has escuchado aquello que dice: "no agobies a Dios con tus problemas, sino diles a tus problemas lo grande que es Dios"?

Pues a esto se refiere con ello, Dios tiene una promesa para cada uno de tus problemas y en ocasiones, tiene varias promesas de Dios en la biblia para el mismo problema.

https://hablemosdereligion.com/promesas-de-dios-en-la-biblia-catolica/

Promesas de Dios en la biblia

Lo mejor de las promesas de Dios es que:

ÉL SIEMPRE LAS CUMPLE A TIEMPO

Su palabra dice en Números, 23:19: "Él no es hombre para mentir, ni hijo de hombre, para no cumplir".

NUNCA RETRAE O CAMBIA SUS PROMESAS

"Jamás olvida su pacto, y menos cuando ha salido de sus labios" (Salmos, 89:34).

NO FALLA EN SUS PROMESAS

"Reconoce con tu corazón y con tu alma, que no ha faltado una palabra que Él haya dicho, que no haya acontecido" (Josué 23:14).

LA PROMESA MÁS GRANDE

"Él nos prometió la vida eterna y esta es la promesa que nos hizo de la vida eterna" (1 Juan 2:25).

ÉL HACE LO IMPOSIBLE

"Lo que no logra el hombre, es posible para Dios" (Lucas 18:27).

Pues para Dios no hay nada imposible, ya que Él es el creador de todas las cosas y para quien cree en Él, todo le es posible también.

CORAZONES Y DESEOS NUEVOS

"Os daré un corazón nuevo, y quitaré el corazón de piedra, para poner uno de carne, y pondré un espíritu nuevo dentro de vosotros" (Ezequiel 36:26).

DIOS NOS PROMETE EL PERDÓN

Cuando confesamos nuestros pecados, el Señor es fiel y justo para perdonarnos, y limpiarnos de toda maldad.

Cuando recibimos a Dios en nuestro corazón, Él limpia nuestros corazones, las cosas viejas pasaron, y somos nuevas criaturas gracias a su bondad.

EL FRUTO DEL ESPÍRITU

"Más el fruto del Espíritu es amor, paz, gozo, paciencia, bondad, benignidad, fe, templanza, mansedumbre, y contra tales cosas no hay ley" (Gálatas 5:22).

NOS LIBERA DEL TEMOR

"Busqué a Jehová y me oyó y así mismo me libró de todos mis temores" (Salmos 34:4)

Aunque andemos en valles de sombra o de muerte, no temeremos, porque tenemos su promesa, que Él estará con nosotros.

SALVACIÓN PARA NUESTROS HIJOS

"Y tu pleito yo lo defenderé, y también salvaré a tus hijos" (Isaías 49:25)

Porque la Biblia dice que Dios incrementa Su Bendición sobre nosotros y también sobre nuestros hijos.

LA PROMESA DEL ESPÍRITU SANTO

"Pues si ustedes siendo malos, son buenos con sus hijos, ¿Cuánto más su Padre Celestial, que les dará el Espíritu Santo a quienes se lo pidan?" (Mateo, 7:11).

Pues Él, antes de marcharse con Su Padre, nos dejó a un Consolador para que nos acompañe en nuestros momentos más difíciles.

Él es quien redarguye nuestros corazones, para hacernos ver que estamos haciendo lo malo y busquemos nuevamente el Rostro de Dios.

PROVEEDOR DE TODAS NUESTRAS NECESIDADES

"Mi Dios proveerá todo lo que nos falte, conforme a sus riquezas" (Filipenses 4:19).

Él es nuestro mayor proveedor y quien nos sustenta, solo tenemos que depositar nuestras cargas en él, y descansar en la confianza que él nos da.

LA PROMESA DE LA VIDA ETERNA

Esta es la más grande de todas las promesas que tiene Dios para nuestra vida. Para ello tenemos que recibir a Dios en nuestro corazón, y vivir nuestra vida de acuerdo a su voluntad.

Estas son algunas de las **promesas de Dios en la Biblia**, que están esperando porque usted reclame las suyas.

Si usted aún no lo ha hecho, este es el momento preciso para hacerlo, solo tiene que tener un corazón dispuesto, y hacer esta oración con mucha fe:

ORACIÓN

Padre Nuestro, que estás en el cielo

Santificado sea Tu Nombre

Te doy las gracias Señor, por el sacrificio inmenso que hiciste por mí al morir en la Cruz del Calvario

Gracias Señor, porque Tú me amaste primero aún sin conocerme y sin merecerlo

Por eso, hoy te reconozco como mi Señor, y mi único Salvador

Te pido que borres mi nombre de la lista de la muerte, y lo escribas en el libro de la Vida Eterna

Porque desde hoy quiero que cambies mi vida para consagrarla para Ti

Por favor, hazme sentir Tu Presencia cerca de mí y sé siempre la guía de mis pasos, iluminando el camino que me lleve a Tus Pies

Te doy las gracias Padre amado, y te bendigo
en el nombre de Tu Hijo Jesús

Amén.

Capítulo IX

EL QUEBRANTO

NO PERMITAN QUE NADIE LES QUITE SUS SUEÑOS, SIEMPRE DE LA MANO DE DIOS

Vamos a dividir lo que es una **Quiebra Espiritual y una Quiebra Económica**, así como sus efectos:

Una **quiebra** o **bancarrota** es la situación **económica** en la que una empresa, organización o persona física se encuentra cuando, debido a la incapacidad de hacer frente a sus deudas con los recursos disponibles, tiene que cesar su actividad de forma permanente.

Si tenemos una quiebra económica, pero nuestra fe en Dios es fuerte y controlamos nuestras emociones, no perdemos la paz ni el gozo. Dios quita la venda de nuestros ojos para ver más allá y destapa nuestros oídos para escuchar qué camino tomar.

Son muchos los casos de empresarios que con la pandemia quebraron, pagaban la nómina con las empresas cerradas, sus gastos fijos, rentas, luz, agua, etc., y sin recuperación de cobranza, se agotaron los ahorros. Algunos salieron adelante diversificando sus productos y servicios. ¿Cuál fue la diferencia? Son hombres de fe que entregaron sus problemas, sus deseos, sus necesidades, sus enfermedades, su familia y su trabajo a Dios.

Sin Dios no hay nada, ni consuelo ni esperanza.

En el hospital veo una familia afligida, escucho que el hijo tiene cáncer en la zona conocida como oscura; no se ve, pero está ahí. Después de haber recibido quimioterapia ahora tenían que tratar con radioterapia. Veo la tristeza y desesperación de la madre y le pido a mi hija que le dé una oración; la recibe, la lee y su rostro cambia, me sonríe e inclina la cabeza en señal de agradecimiento.

No podemos ser indiferentes al dolor de los demás, lo que sembramos cosechamos sin esperar nada a cambio; la vida puede ser tan fácil o difícil como nos la queramos hacer, con o sin el tiempo a nuestro favor.

Un buen amigo, Martín, me llama y me informa que a un familiar le diagnosticaron cáncer, me pide si podría platicar con la familia a lo cual accedo con gusto. No soy quién para decirles qué hacer, pero sí puedo decirles lo que yo he vivido y darles mi testimonio. Amor, perdón, cuidados de alimentación y lo más importante: poner todo en las Manos de DIOS.

Amar con todo el corazón, perdonar con sinceridad, escuchar y comprender honestamente, tratar a los demás como quisiéramos ser tratados. Esto fortalece a una persona quebrantada de espíritu.

El 08 de julio tuve un nuevo tratamiento de quimioterapia y en la sala de espera veo una empleada del hospital trapeando con mucha energía y pasión, sin embargo, en su rostro se veía una gran preocupación, me acerco y le doy una oración, me sonríe y cambia su rostro con una perfecta armonía al mismo tiempo que dice: "necesitaba esas palabras, me sentaría a su lado, alegró mi corazón y veo que sí hay un camino, pero aún tengo que trabajar, solo le puedo decir ¡gracias!".

Entré a la sala de quimioterapia (donde las señoritas nos tratan con amor y respeto, nos hablan por nuestro nombre, no por número de paciente) y después de dos horas de quimioterapia, recibí una llamada de una amiga que quiero y respeto mucho, Elenita ; me pregunta cómo estoy, yo respondo que muy bien, en el hospital, en quimioterapia; me dice: -discúlpame, pensé que era mañana; le pido que no se preocupe, le cuento que yo estaba en la playa viendo el azul del mar, enterrando mis pies en la arena… En eso escucho varias risas de alegría, no me había dado cuenta que todos nos escuchaban ya que usaba el manos libres, Elenita se despide pidiéndole a DIOS por mi salud.

Lupita, la paciente de mi derecha me pregunta: "**¿eso es posible?".** Yo le respondo: "**sí es posible**, cierra los ojos y visualizas el mar, el bosque, tu casa o el lugar en el que te gustaría estar, el calor y ardor de la quimioterapia tienes que visualizarlo como un bronceado del sol que te abraza y disfrutas; pon en tu celular música que te agrade o te traiga buenos recuerdos. Vive y disfruta ese momento, en ti está sufrirlo o hacerlo agradable y darle gracias a Dios. Tú tienes ese libre albedrío".

El libre albedrío, es la potestad que el ser humano tiene de obrar según considere y elija. Esto significa que las personas tienen naturalmente libertad para tomar sus propias decisiones, sin estar sujetos a presiones, necesidades, limitaciones, o a una predeterminación divina.

De las 42 **veces** que se habla en la Biblia de **libertad** (del griego: "eleuzeria") o de liberar (del griego: "eleuzeroo"), en la casi totalidad se entiende como una forma de elevarse, de superar el mal y de acercarse a Dios. "La verdad os hará libres" (Juan, 8:32) "El Señor me ha enviado a proclamar la liberación de los cautivos" (Lucas, 4:18).

Capítulo X

UNA HERMOSA BENDICIÓN

Hoy es mi quinta quimioterapia, me pongo en oración pidiendo por la sanidad de todos los que entraremos a terapia.

Me preparo en alimentación y aseo personal, cuando viene a mi corazón la necesidad de hablar con doña Josefina, mamá de un buen amigo que falleció apenas una semana atrás, fue una grata sorpresa que Dios me regaló al hablar con ella. Yo marqué para darle ánimo y fue ella quien me llenó de palabras de amor y aliento.

Me dijo: "Jorgito, todos los días estás en mis oraciones. Mario, uno de estos días me preguntó: -¿madre, está preocupada por Jorge? le que dije sí. Pero tengo fe que él va a sanar.

Llorando me dice la tristeza que siente en su corazón, sin embargo, sabe que Mario cometió errores como todos, le gustaba discutir y defender sus ideas, pero no era malo, era un buen hombre y ya está con Dios. El Señor tiene los tiempos perfectos y a Él, agradece el tiempo que le dio para compartir con Mario. Le pedí me permitiera hacerle una oración y me despedí diciéndole que yo estaría al pendiente de ella.

Dios de misericordia y amor,
ponemos en tus manos amorosas
a nuestro hermano Mario
que has llamado de esta vida a tu presencia.
En esta vida le demostraste tu gran amor
y ahora que ya está libre de toda preocupación
concédele pasar con seguridad las puertas de la muerte
y gozar de la luz y la paz eterna.
Habiendo terminado su vida terrena recíbelo en el paraíso,
en donde ya no habrá tristeza ni dolor,
sino únicamente felicidad y alegría con Jesús, Tu Hijo,
y con el Espíritu Santo, para siempre.

Amén.

Entro a la quimioterapia sacudiendo mis temores, veo todo de mil colores con esperanza y fe de que mi cuerpo asimile la quimioterapia sin problemas. Con sonrisas saludo a todos y trato de quitar angustias y mal humor de algunas personas, me parece que una sonrisa disminuye la angustia y una oración sana el alma, crece la esperanza y alimenta el amor. ¿Qué sería de mí, sin la protección de Dios?

El Señor es mi luz, es mi camino y mi corazón está lleno de amor por esta segunda oportunidad. No tengo nada que fingir, nada que inventar, simplemente decir: la Sanidad Divina ya está en mí, por la Sangre que Jesús derramó en la Cruz por mí.

Termina mi quimioterapia de más de seis horas y mi amigo "Meche" va por mí al hospital. Con una sonrisa me dice que me veo muy bien. Hacía tiempo no me sentía tan bien y definirlo sería como comparar un laberinto con fuego ardiente; dolores punzantes y pensamientos que te debilitan, pero Dios estaba a mi favor; hoy mi cuerpo está sano y lleno de energía, fuerte, con muchos deseos de vivir. El Señor me tomó de su mano y quitó mis dolores, desinflamó mis ganglios. Mi cuerpo, mi alma y mi espíritu están en armonía, pasé los 40 días de un desierto en mi propio infierno, un mal sueño que ya pasó. Tuve momentos de debilidad, pero una brisa me envolvió y mi familia me abrazó, mis amigos siempre estuvieron ahí, mi Señor escribió mi nombre en el **libro de la vida** y mi futuro estará en servirle al Señor, al final todo será perfecto.

Llegando a casa, doblo mi rodilla y le doy gracias a Dios por que la sanidad ya está en mí y cada día con todos mis sentidos valoro y amo más a mi esposa, a mis hijos y a mis nietos, mis hermanos y todos mis seres queridos, pero sobre todo a Dios, que me dio una segunda oportunidad, contra todo pronóstico aquí estoy, más sano y más fuerte.

MI ALTÍSIMO SEÑOR:

Como todos los días al anochecer, busco Tu Presencia para llenarme de Tu Paz, de esa paz y compañía que sólo Tú sabes dar. ¡Gracias por dar alegría y sentido a mi existir! Me dispongo a descansar, te ruego permanezcas cerca de mí y de los míos. Ayúdanos a estar siempre en oración y alabanza, a saber ser agradecidos de todo lo que nos das, aún sin merecer.

AMEN.

- *Amado Dios de infinita bondad, hoy vengo ante Ti a darte gracias por mi vida, por la dicha de haber despertado esta mañana a Tu Creación y a elevar ante Ti una oración por la salud, seguro de que mis suplicas ya fueron escuchadas y en Ti, hallaron respuesta.*

- *Amado Dios, hoy me presento ante Ti de rodillas, pues Tú no conoces de imposibles, para pedir por mi salud y por la salud de todas aquellas personas que hoy están pasando por alguna enfermedad.*

- *Por favor, cúbrenos con Tu Manto de sanación y cura cada una de las células enfermas de quienes ante Ti clamamos. Te pido que rompas las cadenas de todo malestar y a quien hoy en día esté soportando problemas de salud, lo liberes, lo vuelvas sano y salvo, todo en Tu Maravilloso y Poderoso Nombre Señor.*

- *Te pido también Señor, que seas Tú caminando al lado de quienes han decidido recorrer el camino de la transformación y la sanación. Llena de fuerza y valor a quienes hoy soportan tratamientos médicos y permíteles mantener intacta su fe, pues a través de la fe, es que ocurren los grandes y maravillosos milagros.*

- Amado Dios, para Ti no hay imposibles y no existe enfermedad que no puedas sanar porque Tú, Señor, le diste movimiento al paralítico, hiciste ver al ciego y venciste a la muerte para liberarme del pecado.

- Por eso elevò mi clamor, para pedirte que me bendigas a mí y a mi familia con un cuerpo sano. Aleja de nuestro hogar toda enfermedad y habita con nosotros, llenando nuestras vidas de salud, entendimiento, bendiciones y prosperidad.

- Porque tu amor es infinito y porque todo aquel que eleva oración ante Ti, siempre ve tu obra en su vida, te doy gracias amado Dios. Porque la salud será conmigo y con los míos y porque los que están enfermos muy pronto serán salvos y sanos, te doy infinitas gracias Señor. Que en el cielo y en la tierra se haga siempre Tu Maravillosa Voluntad, Amén.

Capítulo XI

LO IMPORTANTE SE ESCONDE EN LO EVIDENTE

(Luis David)

Tener el valor de vivir a pesar de la enfermedad, es el primer paso de una nueva realidad; demasiada gente avanza por su vida sin haber vivido, muchos de sus sueños quedaron en el camino. Tenemos que tomar decisiones que forjarán un futuro, muchos dedicamos demasiado tiempo y energía al trabajo, pensando en una estabilidad económica, pero descuidamos lo más importante: nuestra relación personal con DIOS. Todos necesitamos dinero para mantener nuestras vidas sin embargo, si tu vida gira en torno al dinero, nunca vas a encontrar la felicidad. La felicidad es algo que no se puede obtener con el dinero. Se trata de cultivar las relaciones, de los recuerdos y de las cosas que realmente amas. Lo creas o no, tener dinero no puede comprar la paz y la felicidad, ni familia y salud.

- Con dinero no compras la misericordia de DIOS.
- Con dinero no compras el amor sincero de la familia.
- Con dinero no recuperas la salud perdida.

¿Qué es evidente? El **significado de evidente** se refiere a que una cosa o una situación no tiene posibilidades de ponerse en duda. Para ello, tal cosa o situación debe ser de carácter absolutamente claro, manifiesto e indudable, que se pueda mostrar y mantener como cierto ante cualquier circunstancia y esto implica que puede ser demostrado con pruebas y fundamentos.

Cuando nos preguntamos ¿**qué es evidente**?, también se usa **como una expresión de asentimiento**, como respuesta positiva indudable, como en la siguiente sentencia: ¿amas a tus hijos? "es evidente que sí los amas". El desgaste físico y emocional por un cáncer es normal, pero en las manos de Dios y con un poco de fe, la recuperación es notoria.

Todos sabemos que el tiempo es oro. Ninguna cantidad de dinero puede comprar el tiempo que se pierde. Asegúrate de invertir tu tiempo en las cosas que realmente importan. En un mundo ideal, uno no debería llegar al momento en que mira hacia atrás y lamenta la forma en que gastó su tiempo.

Podemos pasar por nuestra vida teniendo relaciones y comunicaciones superficiales, sin dejar mucho espacio a los sentimientos. Frases como: "Te quiero mucho", "Me siento bien cuando me dices te amo", "Estoy triste cuando pienso en si hubiera...", "Me preocupa no estar a la altura con tus expectativas" se hacen demasiado escasas. Creo que podríamos sustituir de vez en cuando estas conversaciones por otras más profundas sobre los sentimientos, los miedos y las ilusiones.

La vida sigue su curso y con el tiempo, el contacto con buenos amigos y familiares se va desvaneciendo y cuando volteamos la vida se nos fue. En cualquier caso, creo que **saboteamos muchas oportunidades de ser felices con creencias limitantes, preocupaciones y complicaciones.** Es por ejemplo lo que les pasa a aquellas personas que no están satisfechas con sus vidas, pero que prefirieren inventarse excusas, en lugar de enfrentarse a su miedo a cambiar de vida y reconocer que la carga es menor si se comparte con amor, poniendo lo profundo de cada respirar en manos de Dios. ¿Estoy haciendo que lo más importante, sea lo más importante? **Si hacemos esta reflexión mes a mes, acompañándola de acciones para avanzar hacia nuestras metas, es poco probable que tengamos estos arrepentimientos al final de nuestras vidas.**

En mi caso particular, **tener presente lo realmente importante me está ayudando a tomar decisiones en mi vida.** Estoy orgulloso de mi familia, de mis amigos, de la fraternidad de hombres de negocios, de haber formado parte de proyectos humanitarios, está claro que **la mejor forma de vivir nuestras vidas de forma plena y satisfactoria, es teniendo claro en todo momento lo realmente importante.**

Las experiencias son lo que se queda contigo hasta el último segundo. Cada experiencia enriquecedora te hace una mejor persona. La vida se vuelve más divertida y emocionante con las diferentes experiencias que tienes todos los días. He aprendido a pintar mis ilusiones y valorar lo realmente importante, solo pido la oportunidad de vivir más, amar, perdonar y no ver los defectos en los demás, ser un hombre justo y vivir conforme a mi fe. Esta es mi resolución.

LA RESOLUCIÓN

PROMETO: Solemnemente ante Dios, asumir la plena responsabilidad sobre mí vida, la de mi esposa, la de mis hijos y mis nietos.

PROMETO: Amarlos, protegerlos, servirlos y enseñarles la Palabra de Dios, como líder espiritual de mi hogar.

PROMETO: Ser fiel a mi esposa, amarla, honrarla y estoy dispuesto a dar mi vida por ella como Jesucristo lo hizo por mí.

PROMETO: Bendecir a mis hijos y nietos, enseñándoles a amar a Dios con todo su corazón, con toda su mente y con todas sus fuerzas.

PROMETO: Instruirlos para que honren a las autoridades y vivan responsablemente.

PROMETO: Enfrentar el mal, luchar por la justicia y amar la misericordia.

PROMETO: Orar por los demás y tratarlos con amabilidad, respeto y compasión.

PROMETO: Trabajar con diligencia y proveer para las necesidades de mi familia.

PROMETO: Perdonar a los que me hagan mal y reconciliarme con quienes yo haya defraudado u ofendido.

PROMETO: Aprender de mis errores, arrepentirme de mis pecados y andar con integridad, como un hombre responsable ante Dios.

PROMETO: Tratar de honrar a Dios, ser fiel a Su Iglesia, obedecer Su Palabra y hacer Su Voluntad.

PROMETO: Esforzarme valientemente, con la fortaleza que Dios proveerá para cumplir esta resolución por el resto de mi vida y para su gloria.

Mi familia y yo serviremos al Señor. (Josué, 24:15)

JORGE CASTRO

Ser justo es ser aceptable para Dios. Noé es la primera persona en la Biblia que se llama justa: "Noé era un hombre justo, irreprensible en su generación. Noé, caminó con Dios" (Génesis, 6:9). Aquí vemos los dos aspectos de ser justos: hacer lo correcto (ser irreprensible) y tener una relación con Dios (caminar con Dios).

En el Antiguo Testamento, esto suele estar relacionado con la Ley de Dios. En el Salmo 1, la descripción del justo dice: "Su deleite está en la ley de Jehová". La ley es acerca de lo que debes hacer, pero hacer esto es una delicia, porque es la Ley del Señor. De nuevo, hacer lo correcto y tener la relación correcta van cogidos de la mano.

En el análisis final, ser justo depende de la fe. Pablo apóstol, enfatiza fuertemente esto en Romanos, 4:3 y cita Génesis, 15:6; acerca de Abraham para probar su punto: "Y él creyó al SEÑOR, y Él lo contó por justo"

Pues, como Pablo usa el término, ser justo no es basado en lo que hacemos, sino algo que recibimos cuando creemos en las promesas de Dios. A través de la fe en Jesús, recibimos el perdón de los pecados y somos aceptables a Dios. Por amor, Jesús dio su vida por nosotros y somos sanos.

Capítulo XII

FINANZAS SANAS EN CUERPO Y ALMA

Muchos nos llegamos a encontrar llenos de deudas, aturdidos, ciegos y sordos y no podemos ver con claridad lo que es obvio. Personalmente creo que las deudas adquiridas las tenemos que pagar para sanar, el problema radica en el hecho de no tener para pagar y no ver las opciones para generar los ingresos para pagar. Sé que es difícil de comprender, pero Dios te cuidará. No te sientas mal, ve hasta el final y tus finanzas sanarán.

Las deudas desaparecen cuando se comienza el camino en los principios de Dios. Ofrendar, sembrar para cosechar, diezmar, dar la primicia desde el corazón y no olvidarse nunca de DIOS. Cuando usted le obedece al Señor lo que Él pide y espera de usted, usted está sembrando su tiempo, su vida, su dinero, su ofrenda, su amor. Lo que usted siembre, eso cosechará.

"Yo les aseguro que el que diga a este cerro: ¡Levántate de ahí y arrójate al mar!, si no duda en su corazón y creé, sucederá" (Lucas, 17:6)

Con las deudas perdemos el sueño, la tranquilidad y estabilidad familiar. Eso es lo que busca el enemigo, que viene a mentir a robar y a matar. El poder más fuerte sobre la tierra lo tenemos en la oración.

Señor, en tus manos pongo mis finanzas y las dejo en tu altar, me arrepiento de los gastos innecesarios o faltos de administración y sabiduría que he realizado. Me arrepiento de las veces que no he diezmado o dado ofrendas, he pecado y lo reconozco. Toma los pecados de mi vida y ponlos en la Cruz.

"Pongan en práctica todo lo que han aprendido, recibido y oído de mí, todo lo que me han visto hacer, y el Dios de la paz estará con ustedes".
(Filipenses, 4: 9)

Dios cuida cada una de nuestras áreas, en este proceso de mi sanación divina, no ha faltado un plato con alimento en mi mesa, ni medicamentos, ni amor, ni estabilidad en mi familia. Siempre comparto el pan con quien lo necesita, ofrendo sin esperar nada a cambio y siempre tengo tiempo para escuchar a los demás; regalo sonrisas y enseño a soñar para iluminar la oscuridad del camino con tormenta de otros y eso, mantiene mi alma despierta enseñando mis heridas y veo el cielo siempre azul, contemplando la grandeza de Dios.

"En Él ustedes se van edificando hasta ser un Santuario Espiritual de Dios."

(***Efesios, 2:*** *22)*

La depresión es consecuencia de la desesperación, esto trae opresión a su corazón y por ende a su vida.

"Busqué al Señor y me dio una respuesta y me libró de todos mis temores."

(***Salmos, 34:*** *4)*

"Confía en el Señor y haz el bien, habita en tu tierra y come tranquilo."

(***Salmos, 37:*** *3*)

"Pon tu alegría en el Señor, Él te dará lo que ansió tu corazón."

(***Salmos, 37:*** *4)*

Señor, quiero aprender a quererte cada día más y me susurres al oído. Te debo tanto que seré Tu Siervo Fiel; me enseñaste a ser sincero, sin temor y evitando la mentira. Hoy soy un hombre nuevo gracias a Ti.

He aprendido a vencer los errores de mi pasado y todo lo que bloquea la sanidad, aprendiendo del verdadero perdón, a nunca darme por vencido; le pido a Dios discernimiento para hablarles a otras personas de Él. Poder orar por ellas y su sanidad cuantas veces sea necesario hasta que ocurra algo en Su Plan Perfecto. Teniendo la confianza en que Dios quiere la sanidad física y financiera en todas las personas, darle siempre la gloria a Dios ya que Él hace la obra, nosotros solo somos su instrumento.

"Estén siempre alegres,"
(1 Tesalonicenses, 5: 16)

"y den gracias a Dios en toda ocasión; ésta es por Voluntad de Dios, su vocación de cristianos."
(1 Tesalonicenses, 5 :18)

Siempre, antes de probar la sanidad física o financiera, tenemos que dar las gracias a Dios, por todo lo que nos da. No es más feliz el que más tiene, sino el que agradece y disfruta lo que tiene. Tener una actitud de gratitud, ilumina todo lo que hacemos, las palabras instruyen, pero el ejemplo arrasa.

Mirar con calma, observar con detenimiento y orar, nos permitirá ver más allá. Se abrirán puertas, veremos opciones y Dios nos mostrará el camino para una sanidad física y económica.

1. Deuteronomio 8:18

Recuerda al Señor tu Dios, porque es Él quien te da el poder para producir esa riqueza; así ha confirmado hoy el pacto que bajo juramento hizo con tus antepasados.

2. Deuteronomio 28:8

El Señor bendecirá tus graneros y todo el trabajo de tus manos.

3. Deuteronomio 28:11

El Señor te concederá abundancia de bienes: multiplicará tus hijos, tu ganado y tus cosechas, en la tierra que a tus antepasados juró que daría.

4. Deuteronomio 29:9

Ahora, cumplan con cuidado las condiciones de este pacto para que prosperen en todo lo que hagan.

5. 1 de Crónicas 22:13

Si cumples las leyes y normas que el Señor le entregó a Israel por medio de Moisés, entonces te irá bien. ¡Sé fuerte y valiente! ¡No tengas miedo ni te desanimes!

6. Salmo 1:3

Es como el árbol plantado a la orilla de un río

que, cuando llega su tiempo, da fruto y sus hojas jamás se marchitan. ¡Todo cuanto hace prospera!

7. Salmos 5:12

Porque Tú, Señor, bendices a los justos; cual escudo les rodeas con Tu Buena Voluntad.

8. Salmos 35:27

«Exaltado sea el Señor, quien se deleita en el bienestar de su siervo.»

9. Proverbios 3:9-10

Honra al Señor con tus riquezas y con los primeros frutos de tus cosechas. Así tus graneros se llenarán a reventar y tus bodegas rebosarán de vino nuevo.

10. Proverbios 8:17-18

A los que me aman, les correspondo; a los que me buscan, me doy a conocer. Conmigo están las riquezas y la honra, la prosperidad y los bienes duraderos.

11. Proverbios 10:22

La bendición del Señor trae riquezas, y nada se gana con preocuparse.

12. Proverbios 21:5

Los planes bien pensados: ¡pura ganancia! Los planes apresurados: ¡puro fracaso!

13. Lucas 6:38

Den, y se les dará, se les echará en el regazo una medida llena, apretada, sacudida y desbordante.

Porque con la medida que midan a otros, se les medirá a ustedes.

14. Hechos 10:4
Dios ha recibido tus oraciones y tus obras de beneficencia como una ofrenda.

15. Romanos 13:8
No tengan deudas pendientes con nadie, a no ser la de amarse unos a otros. De hecho, quien ama al prójimo ha cumplido la ley.

16. 3 Juan 1:2
Querido hermano, oro para que te vaya bien en todos tus asuntos y goces de buena salud, así como prosperas espiritualmente.

17. 2 de Corintios 8:9
Ya conocen la gracia de nuestro Señor Jesucristo que, aunque era rico, por causa de ustedes se hizo pobre, para que, mediante su pobreza, ustedes llegaran a ser ricos.

18. 2 de Corintios 9:6-7
Recuerden esto: el que siembra escasamente, escasamente cosechará y el que siembra en abundancia, en abundancia cosechará.

19. Gálatas 3:13,14
Cristo nos rescató de la maldición de la ley al hacerse maldición por nosotros, pues está escrito: «Maldito todo el que es colgado de un madero.» Así sucedió para que, por medio de Cristo Jesús, la bendición prometida a Abraham llegara a las

naciones y para que por la fe, recibiéramos el Espíritu según la promesa.

20. Filipenses 4:19
Así que mi Dios les proveerá de todo lo que necesiten, conforme a las gloriosas riquezas que tiene en Cristo Jesús.

La Prueba

Job es un ejemplo bíblico de alguien que perdió todo, menos su fe y obediencia a Dios. No se puede comprender el libro de Job sin tener en cuenta la enseñanza tradicional de los "sabios" israelitas acerca de la retribución divina. Según esa enseñanza, las buenas y las malas acciones de los hombres, recibían necesariamente en este mundo el premio o el castigo merecidos. La justicia de Job y la causa de sus padecimientos, no son consecuencia del pecado, sino una prueba permitida por Dios, para mostrar que su servidor lo ama desinteresadamente y no por los bienes que recibe de Él.

Dicho lo anterior, todos pasamos por diferentes pruebas las cuales, muchas veces no entendemos la finalidad de estas pruebas, quebrantos financieros, en la salud, en el amor, en lo emocional, escapando de los recuerdos y de lo que pudo ser. La prueba superada siempre te fortalece. En lo espiritual, en las finanzas, en su relación personal con Dios y **en la Salud. Con paciencia esperemos el momento**

de prodigios, milagros y sanaciones, los tiempos de Dios son perfectos.

"Dios está levantando la generación de la demostración. Esta generación de creyentes, no solamente hablará del poder de Dios, sino que demostrará el poder de Dios". (1 Corintios, 2:1-5; Marcos, 16:15-20).

Podemos descansar seguros en la fe de que Dios, que es el Dios de los milagros, escucha nuestras oraciones. Él es un Dios Todopoderoso, ni siquiera un gorrión cae a tierra sin su voluntad: "pero el Padre del Cielo, Padre de ustedes, sabe que necesitan todo eso" (Mateo, 6:32)

"Un hombre que había estado enfermo por treinta y ocho años tomó su lecho y se fue como un hombre sano". (Juan, 5: 1-17)

"Jesús puso sus dedos en los oídos de un hombre que era sordo y tartamudo, suspiró y dijo: *¡Sé abierto!* y se abrieron sus oídos y pudo hablar con claridad". (Marcos, 7: 32-35)

Pedro le dijo a un hombre que hacía ocho años estaba paralítico: *"Jesucristo te sana, ¡levántate y haz tu cama!* Entonces se levantó de inmediato". (Hechos, 9: 32-35)

"Se hacían muchas señales y prodigios en el pueblo... y los que creían en el Señor aumentaban más, gran número así de hombres como de mujeres." (Hechos, 5: 12-15)

Hoy han pasado 120 días, me siento vivo y bendecido por Dios. La Sanidad Divina está en mí, no me falta el aire, respiro sin dificultad, puedo hablar, silbar y cantar. No hay dolores que quebranten mi alma, mi piel ya no está gris ni acartonada, no sangra, puedo dormir con tranquilidad y paz, mi cuerpo pide alimentos, no tengo náuseas ni vómitos, no se me cayó el cabello. El calor sofocante que ahogaba mi interior y me obligaba a bañarme cada dos horas ya desapareció. Tengo la energía para levantarme y pedirle a Dios por la sanidad de los demás, el camino recorrido fue difícil, doloroso, literalmente un infierno lleno de angustia, pero en algún momento, Dios me liberó con un suspiro, una brisa suave que me abrazó, dándome la oportunidad de soñar una vez más, de no olvidar lo vivido y transmitirlo a los demás. En los preparativos previos a mi próxima quimioterapia Dios puso en mí el entendimiento del ¿Por qué?.

Recordé en mi juventud el no haber escuchado los consejos de mis padres, ni haberles agradecido todo lo que hicieron por mí, sus desvelos y cuidados, alimentación, educación, pero sobre todo su ejemplo de vida llena de amor y misericordia y ***entendí que no fui un mal hijo, los honré y respeté, cuidé de ellos, pero no fui el hijo que ellos merecían, tuve fallas***, fui soberbio, no les dediqué el tiempo que por gratitud merecían y entendí una frase de mi padre: ***caras vemos sentimientos des-***

conocemos, pensaba que con apoyarlos económicamente cumplía, pagaba cuentas, y traté que estuvieran orgullosos de mí, los abracé y besé, sin embargo, lo que ellos requerían de mí, era mi tiempo y muchas veces no estuve. Hoy recuerdo sus miradas tiernas, sus abrazos y sonrisas. Entendiendo así, cómo Dios actuó en mi recuperación milagrosa y cerrando los ojos recordé las bendiciones de mis padres, llenándome de un gozo como ningún otro, una gratitud invadiendo mi cuerpo: Habiendo dicho esto, podemos decir que hubo momentos en que me encontré inundado por la presencia y el poder del Espíritu y esto es una experiencia emocional.

"Honra a tu padre y a tu madre, para que tus días se alarguen en la tierra que Jehová tu Dios te da." Éxodo 20:12

Cuando eso me sucede, es un gozo como ningún otro. El rey David "danzaba con toda su fuerza" (2 Samuel 6:14), cuando ellos trajeron el Arca del Pacto a Jerusalén. Experimentar el gozo por el Espíritu, es comprender que, como hijos de Dios, estamos siendo bendecidos por Su Gracia. Así que definitivamente, el Espíritu Santo puede involucrar nuestros sentimientos y emociones. Ahora es el momento de dar mi testimonio y mostrar que sí hay esperanza, compartiendo mi vivir con mi sentir.

Dios es igual de poderoso para sanar en el tiempo que vivimos ahora. *"Porque yo Jehová no cambio."* (Malaquías, 3:6). Por medio de Él está disponible el mismo poder ahora, como en el pasado.

"¿Está alguno enfermo entre vosotros? Llame a los ancianos de la iglesia, y oren por él, ungiéndole con aceite en el Nombre del Señor y la oración de fe salvará al enfermo y el Señor lo levantará. Y si hubiere cometido pecados, le serán perdonados. Confesaos vuestras ofensas unos a otros, y orad unos por otros, para que seáis sanados. La oración eficaz del justo puede mucho." (Santiago, 5:14-16).

Deja que la Luz de Dios brille sobre tu vida. Tú sabes si estás en pureza frente Dios o si conscientemente ocultas algo por lo que no estás dispuesto a darte por vencido. No puede haber sanación si hay algún pecado oculto.

Reconocer el propio pecado y arrepentirse del pecado puede traer sanación. No está escrito que confesar el pecado garantiza sanidad. Tampoco que la confesión es un requisito previo para la sanación. Si hay algo que se interpone en tu relación con Dios, algo que impide a tu espíritu ser puro, entonces debe ser eliminado. Y esto es tan cierto y relevante para el que tiene salud perfecta como para el que está enfermo. Si eres honesto contigo mismo, si te purificas a ti mismo y si ordenas tus asuntos, entonces todo estará bien.

Tenemos un Dios que escucha nuestras oraciones y que no es indiferente con nosotros. ¡Continúa en la fe! ¡Cree en el Dios de los milagros! Yo creo con todo mi corazón que Dios formará nuevos creyentes para la última cosecha. Son tiempos difíciles llenos de odio, indiferencia, falta de unidad familiar y una enorme pérdida de valores, quebrantos financieros y pérdida de la salud.

He perdido en esta pandemia buenos amigos, pero todos ellos pidieron perdón por sus pecados y se entregaron al Señor. Muchos otros han recuperado su salud y la armonía familiar. Pero todos de la mano de Dios.

Con el poder de la palabra, podemos dar aliento y transmitir paz; podemos sembrar la semilla de la esperanza y como niños perdonar, olvidar las ofensas haciendo de lado los malos momentos, compartiendo los sueños con una sonrisa. Dios es Sanidad y Prosperidad sin embargo es importante que dejemos actitudes egoístas ya que con actitudes negativas no agradamos a Dios, dejemos de murmurar y de reprender, seamos los líderes vestidos de la palabra de Dios siempre con buena actitud, hoy el último día de junio en plena tarde lluviosa, sentí un susurro con una suave brisa que me abraza y vienen a mi mente unas palabras que prenden fuego a mi corazón. ***Tus actitudes son contagiosas para el bien o para el mal, no uses a la gente ámala, no***

ames las cosas úsalas. Tu actitud determina si eres feliz con lo que tienes.

"No digo esto porque esté necesitado, pues he aprendido a arreglarme con lo que tengo." Carta a los Filipenses, 4:11

Bibliografía y fuentes.

la palabra de Dios En La Sagrada Biblia.

https://conexionmigrante.com/2019-/06-/10/cuales-son-los-7-dones-del-espiritu-santo-el-papa-nos-explica/

https://www.facebook.com/EsposasenVictoria/posts/1911449385544882/

https://nuestrodios.com/el-espiritu-del-senor-esta-sobre-mi/

https://hablemosdereligion.com/promesas-de-dios-en-la-biblia-catolica/

https://www.biblia.work/diccionarios/libertad/

https://amenapps.com/blog/oracion-de-agradecimiento-por-la-salud/

https://www.facebook.com/Juventud180G/posts/yo-prometoprometo-solamente-ante-dios-asumir-la-plena-responsabilidad-sobre-mi-v/351744188207910/

Los diezmos, primicias etc, eso fué de la ley, del antiguo testamento, Galatas 3: 11 al 13, nos redimió de la maldición de la ley, Romanos 6: 14 ya no estamos bajo la ley si no bajo la gracia , Santiago 2': 15 al 17. Y Juan 3: 17 y 18,

www.ingramcontent.com/pod-product-compliance
Lightning Source LLC
LaVergne TN
LVHW041106150826
845673LV00007B/1944